ÉTICA E CRISE NA SOCIEDADE CONTEMPORÂNEA

ARLINDO FERREIRA GONÇALVES JR.
(Organizador)

ÉTICA E CRISE NA SOCIEDADE CONTEMPORÂNEA

IDÉIAS & LETRAS

Diretor Editorial:
Marcelo C. Araújo

Editores:
Avelino Grassi
Márcio F. dos Anjos

Editor Adjunto:
Edvaldo Manoel de Araújo

Coordenação Editorial:
Ana Lúcia de Castro Leite

Copidesque:
Antônio Bicarato

Revisão:
Ana Lúcia de Castro Leite
Bruna Marzullo
Leila Cristina Dinis Fernandes

Diagramação:
Juliano de Sousa Cervelin

Capa:
Simone Godoy

IDÉIAS & LETRAS

Editora Idéias & Letras
Rua Pe. Claro Monteiro, 342 – Centro
12570-000 Aparecida-SP
Tel. (12) 3104-2000 – Fax (12) 3104-2036
Televendas: 0800 16 00 04
vendas@ideiaseletras.com.br
http//www.ideiaseletras.com.br

Dados Internacionais de Catalogação na Publicação (CIP)
(Câmara Brasileira do Livro, SP, Brasil)

Ética e crise na sociedade contemporânea / Arlindo Ferreira Gonçalves Jr. (organizador).
– Aparecida, SP: Idéias & Letras, 2008.

Vários autores.
ISBN 978-85-7698-021-6

1. Crise (Filosofia) 2. Ética 3. Fenomenologia 4. Filosofia 5. Moral I. Gonçalves Junior, Arlindo Ferreira.

08-09365 CDD-142.7

Índices para catálogo sistemático:

1. Ética e crise na sociedade contemporânea:
Fenomenologia: Filosofia 142.7

SUMÁRIO

Apresentação

A presente obra tem por objetivo oferecer algumas reflexões em torno do conceito de crise, característica indubitável e recorrente na sociedade tecnológica contemporânea. Ao colocar-se diante do referido tema, a principal problemática com a qual nos confrontamos é a de compreender a relação entre o próprio progresso material frente ao desenvolvimento ou à preservação da moralidade. Neste sentido, a noção de crise será abordada à luz da tradição filosófica, particularmente no âmbito da ética, destacando autores e modelos de pensamento que concorrem para o seu exame.

As reflexões sobre a ética, sistematizadas pela filosofia desde a Antigüidade, têm-se destacado na contemporaneidade pelo enfrentamento às questões geradas pela *crise do sujeito moral*. Tornando-se uma disciplina cujo alcance se faz interligado a diferentes áreas, como direito, política, ciências biológicas e economia, a ética ocupa hoje lugar privilegiado na filosofia. Desponta, tal como a teoria do conhecimento na Idade Moderna ou como a teoria da linguagem no início do século XX, como um dos pontos determinantes e aglutinadores no panorama das inquietações do homem ocidental. Suas influências passam pela tradição aristotélico-tomista, pelo empirismo lógico, pelo formalismo kantiano e pela fenomenologia.

Pode-se assinalar que a particularidade em que se sistematiza a ética contemporânea refere-se, em quase sua totalidade, à problemática da *crise axiológica*, o que faz com que se promova a moral como disciplina de primeira ordem, justamente pelo conflito radicado por seu objeto. Entretanto, o que caracteriza a atualidade está no tipo mais abrangente do trato com este objeto, ou seja, na relação de proximidade, de interdisciplinariedade e, obviamente, de fundamentação. A relação de proximidade refere-se a uma reordenação ao objeto, que passará a ser compreendido nas suas várias determinações, e começa a ser discutida na sua apresentação fática e não simplesmente deduzida de juízos universalizantes.

A interdisciplinariedade, por sua vez, é estabelecida pela necessidade não só de compreensão teórica abrangente, mas de atuação global e prática. Este é o resultado oferecido pela crise e gerado, sobretudo, a partir da Idade Moderna ao compartimentalizar as áreas da ação humana em estanques dissociados do todo. Em uma orientação contrária à compreensão dialógica e totalizadora em que as partes – das ciências particulares e da própria filosofia – interagem. A problemática da fundamentação, assim como as outras, tem seu lastro e sua determinação na contingência histórica e assinala a superação entre as antinomias geradas pela posição essencialista pura ou pela realista subjetivista. A tendência atual mostra a necessidade de a compreensão ética estar fundamentada pelas estruturas formais e, ao mesmo tempo, estar em consonância com a particularidade da contingência, na qual encontra-se o homem concreto.

É, portanto, com o intuito de analisar o problema moral da crise contemporânea que esta coletânea traz contribuições de pesquisadores em variadas perspectivas filosóficas. Este trabalho é resultado de uma agenda propositiva estipulada pelo grupo de pesquisa "Filosofia, Cultura e Sociedade", que se dispôs a produzir e divulgar as investigações em torno de temas como: crise, pessoa, cuidado e liberdade. Tal grupo – credenciado pelo CNPq e certificado pela Pontifícia Universidade Católica de Campinas – é liderado pela Profª Drª Constança Marcondes Cesar e agrega pesquisadores da área da filosofia e do direito de universidades brasileiras e estrangeiras. Cabe ressaltar nossos agradecimentos aos membros deste grupo, bem como àqueles que contribuíram de modo prestimoso na elaboração dos textos que ora apresentamos.

Prof. Dr. Arlindo F. Gonçalves Jr.

1

KRISIS E KAIRÓS EM EVANGHÉLOS MOUTSOPOULOS

Constança Marcondes Cesar[1]

A análise da crise da sociedade atual está vinculada, na obra de Evanghélos Moutsopoulos, um dos mais significativos autores gregos contemporâneos[2], a uma interpretação da história. Dois textos essenciais balizam essa reflexão: o primeiro, *As crises históricas*[3], de 1977; o segundo, *A racionalidade da história – Crises e oportunidades históricas*[4], de 2004. São permeados por vários outros escritos, que desenvolvem a temática em torno das possibilidades de uma interpretação e categorização da

[1] Professora Livre-Docente da Faculdade de Filosofia / Centro de Ciências Humanas da Pontifícia Universidade Católica de Campinas.

[2] Cf. C. Marcondes Cesar, Evanghélos Moutsopoulos e o pensamento grego contemporâneo, RBF, n. 214, 2004, p. 195-250; id., A Grécia como inspiração, RBF, n. 216, 2004, p. 557-64.

[3] Les crises historiques, Atenas, Universidade de Atenas, Discursos Oficiais, 22, 1977-1978, p. 57-72.

[4] Rationalité de l'historie, crises et opportunités historiques, *in* Avenir de la raison, devenir des rationalités, Paris, Vrin, 2004, p. 512-514.

história inspirada na aplicação de modelos musicais às ciências humanas.

Adotamos uma abordagem cronológica partindo do texto de 1977 e examinando os desenvolvimentos e as variações do tema original nos diversos escritos que o separam daquele de 2004, mostrando a complexificação crescente do assunto e a correspondência entre os textos.

Criticando Nietzsche, Bossuet, Hegel e Collingwood, que nas suas concepções a priori da história a compreendem como repetição cíclica, evolução helicoidal, história da interioridade, Moutsopoulos propõe uma interpretação centrada na noção de crise, inspirando-se em Husserl, Bergson.

A crise é desencadeada quando uma sociedade qualquer torna-se incapaz de buscar, no seu próprio passado, inspiração para resolver problemas novos.

Partindo da noção husserliana de crise das ciências, Moutsopoulos mostra que o termo se generalizou, aplicando-se à arte, religião, economia; em suma, à cultura em geral. Trata-se de examinar, hoje, não certo tipo de crise, mas a própria noção de crise, deixando de lado as suas acepções puramente lógicas e históricas e focalizando as acepções epistemológica e ontológica do termo. No plano epistemológico, crise é sinônimo de discernimento, discriminação; no plano ontológico, é sinônimo de descontinuidade. Implica as idéias de interrupção, de ameaça de interrupção, de período crítico, ponto crítico, de descontinuidade, bem como a de ritmo.

É desdobrando sua reflexão em torno dessas noções que Moutsopoulos apresenta a crise da sociedade atual, inserida num amplo painel interpretativo da história.

No plano epistemológico, a crise como operação noética, supõe discriminação e comparação, visando a superação sintética de oposição entre elementos mediante um juízo, segundo critérios de avaliação, condensação e minimalização dos aspectos comuns entre eles, conforme diz nosso autor.

No plano ontológico, a crise é vivida como descontinuidade entre diversas situações históricas ou diferentes teorias científicas. A descontinuidade se caracteriza pela interrupção de uma presença, pela periodicidade eventual, pela inserção de uma presença nova na continuidade temporal, espacial, lógica ou existencial. A descontinuidade implica então a idéia de mudança capital, de transição do mesmo ao outro. Não se identifica com a interrupção em si mesma, mas a manifesta; supõe a distinção axiológica entre a simples interrupção e a crise essencial. A crise não representa apenas uma interrupção, mas também a consciência da ameaça da interrupção e da tentativa de evitá-la, para um ser que busca conservar ou enriquecer a sua existência. Assim, tanto no plano individual quanto no coletivo a crise sempre implica a consciência da existência e as noções de ponto ou período crítico, que obrigam à mudança ou à reestruturação do sentido do existir.

A noção de crise aparece – do ponto de vista da história da filosofia – associada à noção de controvérsia[5], diz nosso autor. Esta noção surge relacionada a um conjunto de outras, tais como: oposição dialética, contradição, confronto e enfrentamento.

[5] E. Moutosopoulos, La notion de controverse, Philosophia, Atenas, Academia de Atenas, n. 33, 2003, p. 21-25.

Definindo a controvérsia como certo "número de juízos de valor, ligeira ou substancialmente divergentes, a propósito de um objeto de consciência"[6], Moutsopoulos mostra que o homem pode experimentar modos de coexistência de situações "similares, diferentes ou contrárias", com relações que podem ser de "identidade, analogia ou ainda de homologia, dessemelhança, superação ou [...] oposição"[7]. A noção de controvérsia exporia a idéia de oposição. No caso da oposição dialética teríamos os exemplos históricos da oposição entre ser e vir-a-ser, que remonta a Parmênides; a da oposição entre liberdade e determinismo na natureza, em Kant; a oposição entre tese e antítese na filosofia hegeliana. No caso da contradição, teríamos a oposição lógica, estudada pela lógica bivalente aristotélica e pela lógica informacional, na atualidade. Apontando a existência de graus de oposição, Moutsopoulos analisa dois deles: o *confronto* e o *enfrentamento*, tratando de caracterizá-los.

No confronto, antagonistas francamente hostis reivindicam as mesmas coisas. É expectativa ou preparação para uma luta, efetivamente a acontecer, ou oposição de argumentos, tal como se dá na tragédia ou na fuga musical.

No caso do enfrentamento, temos um conflito já desencadeado, do qual não é possível prever o resultado. Novamente Moutsopoulos recorre à analogia com o processo musical, dando como exemplo de enfrentamento o contraponto. Este

[6] Id., ibid., p. 21.
[7] Id., ibid.

não visa à anulação dos sons em oposição, mas à instauração de um diálogo e uma consonância entre eles.

Recusando a controvérsia pela controvérsia, nosso pensador, inspirando-se em Aristóteles e Platão, propõe o exercício da boa fé, da boa vontade, da tolerância e do respeito pelos contendores, de modo a solucionar a aparente irredutibilidade dos contrários pela justaposição de perspectivas ou pela descoberta de uma racionalidade comum, conduzentes à superação da controvérsia, situação passageira e não imutável. A atitude de abertura possibilita, assim, o ultrapassamento da crise, mediante o apelo a momentos propícios. Nesse texto, Moutsopoulos associa estreitamente as noções de crise e de kairós, de crise e de oportunidade de superação da crise – tema que retomará aprofundadamente em escrito ulterior, conforme já assinalamos. E o recurso da música e de termos e conceitos musicais para a compreensão da noção de crise já emerge aqui: é um dos aspectos mais interessantes de reflexão de nosso autor, ele próprio músico e filósofo. Retornaremos ao assunto adiante.

A crise vivida pela consciência individual pode ser amplificada, tornando-se crise histórica quando uma sociedade acumula pressões que ameaçam sua sobrevivência.

Examinando essência, estrutura e forma das crises históricas, Moutsopoulos mostra que a noção de crise está sempre associada a um impasse aparente ou real, vivido por uma dada sociedade como uma prova, que põe em jogo sua sobrevivência.

A crise corresponde, assim, à consciência da ameaça de uma ruptura na vida histórica de uma sociedade. A ameaça é sempre marcante, dada a irredutibilidade dos conflitos que enfrenta. Ela comporta três fases: uma preparatória, na qual se acumulam fatos que ameaçam a continuidade da sociedade; um ponto culminante e, finalmente, uma terceira, que pode ser de superação ou de marasmo, caso a sociedade consiga ou não ultrapassar essa crise. Caso não seja ultrapassada, ela se arrastará, prolongando-se até a destruição dessa sociedade.

No ponto culminante da crise ocorrem situações que possibilitam à sociedade buscar, em seu passado, critérios para selecionar o que permanece e o que será rejeitado da sua configuração atual. Da profundidade do que ela conseguir absorver deste seu mergulho na tradição da qual provém resultará o sucesso ou fracasso da sua tentativa.

Na história, entendida como tradição[8], o homem, ao criá-la, cria a si mesmo. O sentido da história é, para o ser humano, a passagem em direção a um *ser-mais*. Moutsopoulos compara tal processo criador a "uma série de variações sobre um tema inicial [...] reconhecíveis e cada vez mais exploradas, explicitadas, afirmadas..."[9]. Diz ainda que a história pode ser considerada "como uma série de fugas"[10] [musicais], nascendo umas em função das outras, desaparecendo e depois reaparecendo novamente, combinando tensão e distinção e culminando em catarses, que desencadeiam novas séries de episódios. Estagnação e aceleração se alternariam, no tempo, compondo um ritmo: "A história é tradição [...]" que se reafirma por meio do homem

[8] Id. L' histoire comme tradition: acceptation et dépassement, in MOUTSOPOULOS, Kairós, Paris, Vrin, 1991, p. 291-293.
[9] Id., ibid., p. 292.
[10] Id., ibid.

que busca conhecê-la, para transformá-la[11]. Continuidade e ruptura aí estão em causa; e a crise – assim desvelada – é a consciência da ruptura e da possibilidade de transformação nela contida.

Nosso filósofo aborda a continuidade e a descontinuidade em história que, como vimos, são o fulcro da sua reflexão sobre a noção de crise[12].

A controvérsia entre continuísmo e descontinuísmo em história encontra paralelos no plano epistemológico, com as noções de duração contínua e de ruptura, que opuseram Bergson e Bachelard. Sem pretender discutir "a estrutura repetitiva ou evolutiva, cíclica ou linear da história"[13], Moutsopoulos discute a questão em termos de existência de uma avaliação qualitativa dos eventos históricos.

Contrariamente aos eventos naturais, que se podem repetir em tempos e lugares diversos, os eventos históricos se apresentam como únicos e se inscrevem numa sucessão temporal geral. A sucessão é abordada, na perspectiva clássica, segundo as categorias do passado, presente e futuro. Nosso autor propõe novas categorias, as do não-ainda e do nunca-mais, que poderiam, a seu ver, dar conta da dimensão qualitativa, chamada por ele de kairica, da história. Por kairós o filósofo entende "o instante propício, o momento oportuno, único [...] colocado numa sucessão normal de eventos, e em função da qual tais eventos são divididos em

[11] Id., ibid., p. 293.
[12] Id., Continuité et discontinuité en histoire, Éleutheria, 2, 1979, p. 214-217, *in* Kairós, Paris, Vrin, 1991, p. 282-284.
[13] Id., ibid., op. cit., p. 282.

duas séries bem distintas: a que precede e a que segue o ato histórico [...]"[14].

A inserção de um momento kairico pode ser intencional, expondo a dialética do mesmo e do outro, do contínuo e do descontínuo, na história. As idéias da existência instante privilegiado – que possibilita a solução da crise e da oposição entre continuidade linear do tempo e ruptura – levarão nosso pensador a considerar as possibilidades e os limites de uma história serial[15], de uma história que evoluiria de modo análogo, no tempo, ao evoluir de uma música serial. Trata-se aqui de examinar aquilo que Moutsopoulos chama de "história dos filosofemas – elementos temáticos de história das idéias"[16] – à luz de categorias musicais: "nascimento, desenvolvimento, superposição, desaparecimento, reaparecimento, espraiamento, concentração"[17]. Essa abordagem, inicialmente aplicada aos filosofemas, no plano de história das idéias, foi depois ampliada para a compreensão: da metodologia da história da filosofia, da noção de desenvolvimento, da filosofia da história e do processo histórico, em diversos estudos que compõem um amplo painel interpretativo da história em geral e, como veremos, ligados à compreensão das crises e de sua superação[18], bem como às noções de ritmo temporal e de intencionalidade da história.

[14] Id., ibid., p. 283. Cf. também E. Moutsopoulos, Avant-*propos, in* Kairós, p. 11-14 e Maturation et corruption: la notion de Kairós, *in op. cit.*, p. 20-33. Ver ainda C. Marcondes Cesar, Le Kairós artistique, Atenas, Diotima, n. 16, 1988, p. 96-99.

[15] Id., Possiblites et limites d' une histoire sérielle, *in* Kairós, p. 284-86.

[16] Id., ibid., p. 284.

[17] Id., ibid.

[18] Id., A história da filosofia como ciência histórica e meta-histórica (em grego), Parnassos, 1996, p. 367-87; Y-a-t-il une méthode para excellence en historiographie philosophique? In L' Univers des valeurs, univers de l' hom-

A história serial, proposta por Moutsopoulos, inspira-se no estruturalismo, enfocando a realidade no seu acontecer. A expressão "história serial" se aplica no sentido musical do termo, referindo-se a "um grupo de elementos (ou entidades) sonoros, organizado segundo certa ordem amplificável e redutível, mais que reversível [...] admitindo [...] manipulações, enquanto sua estrutura interna permanece inalterável"[19].

Criticando Hegel e as concepções dogmáticas do *vir-a-ser* histórico, nosso autor integra contrigências históricas em vastos conjuntos, reconhecendo a importância do fator humano e de liberdade no acontecer, bem como o caráter "fúgico" do *vir-a-ser.*

Em um texto de 1974 – anterior ao que estudamos agora –, Moutsopoulos trata de responder à seguinte questão: "uma categorização da história é possível?".[20] O problema é interessante, na medida em que nosso autor distingue entre acontecimento e acontecimento histórico, assinalando que este último é sempre um fato excepcional, que se impõe como tal a diferentes consciências e que produz conseqüências amplas. Daí nosso autor distinguir três características que são constitutivas, a seu ver, de um fato histórico: a sua unicidade, o seu ca-

me, Atenas, Academia de Atenas, 2005, p. 86-93; L' idée de développement, *in* Kairós, p. 82-89; Historiologie philosophique et philosophie de l' histoire, *in* Moutsopoulos, Philosophie de la culture grecque, Atenas, Academia de Atenas, 1998, p. 399-402; Continuité et discontinuité em histoire, *in* Kairós, p. 282-286; L' histoire comme tradition, Kairós, p. 291-293; Une catégorisation de l' histoire est-elle possible?, Kairós, p. 266-269; Les crises historiques, *in* L'univers dês valeurs..., p. 326-341.

[19] Id., Possibilité et limites d' une histoire sérielle, op. cit., p. 285.

[20] Id., Une categorisation de l'historique est-elle possible?, *in* Kairós, p. 266-269.

ráter crítico, a sua novidade. Nesse texto, de certo modo está prefigurada a relação entre os conceitos de crise e de Kairós: a idéia da descontinuidade temporal, instauradora do novo – elemento essencial da crise; e a idéia de novidade, de oportunidade, de fato crucial, associada à idéia de Kairós. Os três componentes do fato histórico assinalam, assim, a compreensão e a intervenção da consciência individual e/ou coletiva, que produzem, no tempo, a alteração qualitativa do acontecer, transmutando o puro fluir em fato, memória e história.

O texto em pauta também prefigura o desenvolvimento subseqüente de reflexão do nosso filósofo, quando este propõe modelos interpretativos da história e da cultura, inspirando-se em modelos musicais, como já vimos esboçar-se supra, e reiterar-se aprofundadamente em textos escritos entre 1980 e 1981[21]. Detalharemos o assunto mais adiante.

Compreendendo a história como uma série de acontecimentos únicos, cuja causalidade e inter-relação é reconstituída pelo historiador, nosso filósofo põe a questão da verdade histórica. Dialogando com diversos autores, tais como Bachelard, Collingwood, Husserl, Raymond Aron, examina as possibilidades de interpretação dos eventos.

De Bachelard retoma a idéia de que é preciso adequar interpretação e temporalidade; de Collingwood, a distinção entre o aspecto exterior e a repercussão subjetiva, interior, do acontecimento; de Husserl, a idéia de que a causalidade histórica deve ser enfocada na sua relação com a consciên-

[21] São eles: Modèles historiques et modèles culturels, *in* Kairós, p. 261-265; De quelques applications de modèles musicaux dans les sciences humaines, *in* L' Univers des valeurs..., p. 229-239.

cia intencional dos criadores da história; de Raymond Aron, a advertência referente aos limites de objetividade de toda investigação nesse campo... É a partir desses autores que Moutsopoulos introduz sua própria concepção das relações entre história e verdade, consciência e tempo, cujo eixo é a noção de kairicidade, intervenção oportuna no fluir do acontecer, segundo as categorias do não-ainda e do nunca-mais.

É à luz das fontes supracitadas que nosso autor analisa o papel dos mitos históricos[22].

Ele distingue entre dois níveis de referência aos mitos históricos. No primeiro, enfatiza o vínculo entre mito e passado ou futuro; no segundo, o vínculo entre o mito heróico e os personagens históricos. Em qualquer caso, trata-se de interpretar a causalidade histórica segundo as aspirações humanas. A valorização do passado aparece, por exemplo, nos poemas de Hesíodo e Virgílio, na leitura da história por Heródoto e, modernamente, nas reflexões de Voltaire e Michelet. A mitificação do futuro representa a superação de um presente decepcionante, como os diferentes profetismos o evidenciam, bem como as teorias da história de Agostinho, Hegel, Comte, Marx.

Na leitura heróica de história, o mito visa expressar, por meio da figura do herói, o sentido da existência num dado momento. Assim, "pela qualidade de seus esforços [Gilgamesh, Hércules, Ulisses] se elevam ao nível de símbolos da humanidade"[23]; de modo inverso, o personagem

[22] Id., Histoire et Mythes historiques,*in Kairós*, p. 312-222.

[23] Id., ibid., p. 318.

histórico pode ser elevado ao nível lendário, como se deu com Joana d'Arc.

No mundo atual – dado o caráter relativista da concepção da vida e do homem, e dada a ausência de heróis ou de profetismos – atores ou atletas são guindados à posição de heróis. E "é aqui que um pensamento kairico poderia intervir de modo salutar", diz Moutsopoulos, repropondo valores que permitam enxergar os empreendimentos humanos na sua profundidade e grandeza, diante dos desafios como o "da conquista do espaço"[24].

É à luz desse amplo painel sobre o significado do existir humano e do acontecer no tempo que é preciso compreender a crise atual. Entendendo, como vimos, toda crise como uma descontinuidade, uma ruptura no fluir da história de uma dada sociedade, nosso filósofo trata de considerar sua estrutura e sua forma.

Nas concepções clássicas, a crise é sempre resultado do próprio devir histórico, uma vez que toda sociedade traria em seu bojo o germe de sua própria degeneração, uma vez que uma crise já se acharia implícita no seu momento de apogeu, e apenas se explicitaria ulteriormente, na fase de decadência. Essa concepção acha-se presente na tradição de filosofia grega e é retomada, modernamente, por Vico, Spengler, Toynbee.

Diferentes concepções de crise são examinadas por nosso filósofo, enfocando as obras de Bossuet, Hegel, Collingwood, Teilhard de Chardin. Para Bossuet, a história se apresenta como uma linha ascendente, interrompida aqui e ali

[24] Id., ibid., p. 322.

por desvios repentinos; para Hegel, a história tem uma estrutura helicoidal, dialética; para Teilhard de Chardin, a linha histórica é ascendente, expondo a conversão ao mundo do espírito; para Collingwood, as crises expressam a presença, no tempo, de um herói, cuja história pessoal repercute na sociedade inteira, provocando mudanças.

Para Moutsopoulos, a realidade histórica é poliédrica; sua marcha é polifônica. Nela, a crise é evento polifônico, "[...] drama que comporta seu enredo e seu desenlace"[25].

Como na polifonia, onde há "ligação funcional de elementos que nascem um do outro por continuidade ou oposição, se entretecem ou se separam, se desenvolvem ou se corrompem e desaparecem para reaparecer com insistência, criando construções e relaxamento [...]"[26], assim também as crises históricas se sucedem, desaparecendo e reaparecendo. Nelas, a dramaticidade tem estrutura semelhante à da fuga musical, correspondendo ao instante crítico, de ruptura do envolver de uma sociedade.

Reconhecendo três grandes etapas ou formas das crises históricas, Moutsopoulos aponta como a primeira grande crise a passagem do matriarcado ao patriarcado, tal como autores de diferentes orientações a apresentaram: Frazer, em *O Ramo de Ouro*; Lévy-Bruhl, em *A Mentalidade Primitiva* e em *As Funções Mentais nas Sociedade Primitivas*; Lévi-Strauss, em *O Pensamento Selvagem* e em *Mitológicas*; Cazeneuve em *A mentalidade Arcaica.* Estes autores convergem

[25] Id., Les crises historiques, *in* L'Univers des valeurs..., p. 336.
[26] Id., ibid.

na consideração das crises como sinônimo da coexistência de elementos opostos. Afirmam que são desencadeadas pela impossibilidade das sociedades de superarem rapidamente o confronto entre esses elementos.

A segunda grande crise apresenta componentes sociais, morais e ideológicos e ocorreu com o aparecimento do Cristianismo, prolongando-se durante muito tempo, em vista das dissidências e heresias que surgiram em seu bojo.

A terceira grande crise foi de caráter econômico, social, moral, ideológico e político; deu-se com a Revolução Industrial, acompanhada pela Revolução Tecnológica.

Em todas essas crises, Moutsopoulos reconhece uma mesma estrutura, composta pela ameaça de descontinuidade de uma sociedade, causada pelo impacto de forças externas e por fraquezas e lutas internas. As crises estão associadas a um desvio ou retorno ao passado, como esforço para aí buscar elementos para enfrentar as ameaças, reafirmando a identidade da sociedade em questão.

A crise pode ser salutar, dado que uma sociedade sem crises "seria simplesmente uma sociedade em letargia ou em vias de morrer"[27].

Moutsopoulos analisa, a partir dessas idéias, a crise atual das universidades. Mostrando que desde a Idade Média a universidade passou por inúmeras crises, trata de expor seu modelo geral, estabelecendo analogias entre a crise das gerações e o desaparecimento do peso científico e moral das pessoas, bem como a substituição, nas

[27] Id., ibid., p. 340

universidades, do espírito de investigação por um espírito profissionalizante.

A crise tem como fulcro o desenvolvimento assimétrico entre os objetivos essenciais de universidade (a excelência e a pesquisa) e o seu crescimento externo (a democratização). Ou seja, o crescimento numérico de pessoas com acesso à universidade não foi acompanhado por igual crescimento e aprofundamento da pesquisa. Para que a universidade sobreviva e garanta sua excelência, assim como a qualidade de sua produção científica, seriam necessárias a criação imediata de ótimas condições de trabalho e de investigação em cursos de pós-graduação, e a aceitação da transformação de algumas universidades em escolas profissionalizantes, deixando a atividade científica restrita a fundações dedicadas à pesquisa de ponta.

Como vimos, a possibilidade de superação das crises consiste, para nosso autor, num mergulho na tradição, e em aí buscar renovadas forças para enfrentar os desafios do presente. É no exame do significado da tradição[28] que nosso filósofo retoma o problema das crises históricas e de sua superação.

Encarando a história como a imagem da presença do homem no mundo, criação humana na qual este se espelha e expressa sua busca de um *ser-mais*, Moutsopoulos estabelece um paralelismo entre o processo histórico e as variações sobre um tema inicial, cada vez mais explicitado e afirmado por uma sociedade. Assim, a história aparece, analogamente

[28] Id., L'histoire comme tradition: acceptation et dépassement, *in* Kairós, p. 291-293.

à música, como uma série de variações, uma série de fugas na qual os elementos nascem, se desenvolvem, desaparecem e reaparecem, assegurando assim a continuidade e a unidade de sua criação. Na história, elementos se desenvolvem, ampliam e retraem segundo um ritmo de tensão ou distensão, dramático, que se resolve numa catarse, prefiguradora de nova série de episódios. O ritmo alternante da história se expressa como sucessão de períodos de estagnação e de aceleração, observáveis no interior de cada etapa ou fase ou de uma época para outra.

A história se apresenta como tradição, para a consciência histórica que busca conhecê-la e superá-la. Superação e transformação implicam em descontinuidade e reativação de elementos anteriores, de modo a produzir renovação, passagem criadora em direção ao *ser-mais*. Crise e kairós, ruptura e oportunidade estão, assim, relacionadas.

A noção de kairós aparece relacionada às noções de maturação e corrupção, enfocadas dos pontos de vista epistemológico, ontológico e axiológico.

Do ponto de vista epistemológico é a passagem de uma insuficiência a um excesso, de uma condição ótima à sua superação. Implica a consciência do instante único, decisivo, apreendido como ponto crítico por excelência. As categorias lógicas aí consideradas são as de anterioridade e posterioridade; no caso de consciência, a noção envolvida é a da intencionalidade, entendida num sentido bergsniano, de atividade fundante; no caso da temporalidade as categorias envolvidas são as do não-ainda ( ) e a do nunca-mais ( ).

Do ponto de vista ontológico a estrutura kairica expõe a estrutura do ser, ou seja, a passagem, neste ser, "de um estado fraco a um estado forte, de um estado de ser a um estado de *ser-mais* ou, inversamente, de um estado forte a um estado fraco, de um estado de ser a um estado de *menos-ser* [...]"[29]. A noção implícita é a de descontinuidade que, como vimos, está associada à idéia de crise. O kairós se mostra, na temporalidade, como o instante privilegiado, o tempo qualitativamente considerado, o tempo vivido, por oposição a uma concepção puramente esquemática de temporalidade. Às categorias do não-ainda e do nunca-mais, discernidas no plano epistemológico, acrescentam-se as categorias do não-ainda-aqui e do nunca-mais-em-parte-alguma, vinculando, assim, tempo e espaço, *ser-mais* e *menos-ser.*

Do ponto de vista axiológico, "a kairicidade é a estruturação que permite fixar um ponto único, que serve para estabelecer uma nova descontinuidade quantitativa e qualitativa no interior de uma sucessão descontínua [...]"[30]. A questão axiológica aí considerada é que o Kairós funciona como referência para as condutas que a consciência assumirá, nos planos da ética e estética, ciência e técnica. O kairós representa, então, o ponto crítico, o momento decisivo da escolha e da ação; é criação da consciência, que permite a esta aprender o significado próprio de seu ser no mundo, a estrutura de sua existência.

Dois textos, aos quais já nos referimos[31], mostram o aprofundamento, na década de 1980, da reflexão de nosso autor sobre a história. No primeiro, *Modelos históricos e modelos*

[29] Id., ibid., p. 24.
[30] Id., ibid., p. 28.
[31] Cf. nota 20.

culturais, Moutsopoulos trata de apresentar diferentes interpretações do processo histórico, concluindo com a proposição de seu próprio modelo interpretativo, inspirado, como vimos, em categorias musicais. O tema, recorrente na obra de nosso filósofo, adquire aqui um sugestivo enriquecimento. Tratando de compreender o processo em questão, mostra as duas faces de história: a de sucessão das ações e a de sua reconstituição interpretativa, feita segundo modelos. Nosso autor põe em relevo quatro desses modelos: os poéticos, os religiosos, os científicos e os sintéticos, inscrevendo sua própria interpretação nesta última categoria.

Os modelos poéticos ou genéticos acham-se em todas as sociedade arcaicas, vinculando mitos cosmogônicos e antropogônicos, como bem o mostrou a antropologia estrutural contemporânea. A sua finalidade é reforçar a identidade dessas sociedades, recorrendo ao seu passado. A temporalidade é vivenciada como uma contínua deterioração e perda, em contraposição ao tempo mítico, das origens, da plenitude e proximidade com os deuses. E. Moutsopoulos assinala a recuperação filosófico-metafísico dessa concepção, na obra de Plotino, por meio das noções de processão e conversão a que ele recorre, bem como da visão cíclica do tempo entre os estóicos.

Os modelos religiosos, também orientados em direção ao passado, indagam, como os modelos poéticos, quanto à origem da humanidade. Podem, ainda, voltar-se para o futuro, propondo uma escatologia justificadora da existência de certa sociedade. A concepção agostiniana da história exporia de modo exemplar esse tipo de modelo, o qual também seria expresso na concepção veiculada pela Reforma.

Os modelos científicos representariam a continuação dos precedentes, enfatizando a noção de progresso, mas recusando toda transcendência. Condorcet, Hegel e Comte apontam para um progresso associado à idéia de uma fase de realização plena do homem na própria temporalidade.

Moutsopoulos adota, confrontando-se com tais teorias, um modelo sintético, inspirado em Bachelard e na música serial. Os modelos históricos assim caracterizados seriam "pluridimensionais, polifônicos, poliaxiais" e "pluricêntricos"[32], recobrindo e superando as concepções anteriores e promovendo a idéia do homem "como membro de uma sociedade universal, mas também como pessoa livre"[33].

Estabelecendo analogias entre sua posição e a de Toynbee, o qual concebe a história como um fluxo que comporta progresso, regressão e repetições, nosso filósofo enfoca de modo complexo a sucessão temporal[34]. Como Bachelard, no qual se inspira, sobretudo na Filosofia do Não, Moutsopoulos deseja ter proposto – no âmbito da teoria da história – uma concepção que abarcaria e superaria as anteriores.

Num escrito da mesma época – algumas aplicações de modelos musicais em ciências humanas[35] –, a abordagem é ampliada e aprofundada. É um dos trabalhos mais interessantes, a nosso ver, para compreensão da teoria da história de

[32] Id., ibid., p. 264 e 265.
[33] Id., ibid., p. 265.
[34] Id., ibid., p. 264.
[35] Id., De quelques applications de modèles musicaux dans les sciences humaines, *in* L'Univers des valeurs, univers de l'homme, Atenas, Academia de Atenas, 2005, p. 229-240.

Moutsopoulos, na qual se inscrevem, como temas centrais, as noções de crise e de kairós.

Propondo a música como chave de interpretação da existência do homem no mundo, inverte a perspectiva tradicional platônica, que vê na filosofia a "música suprema", afirmando a música como filosofia suprema[36]. É nessa perspectiva que podemos ressaltar a originalidade e a fascinante leitura da temporalidade em nosso autor.

Reportando-se a Pitágoras, o filósofo mostra que modelos musicais – desde a Antigüidade – inspiravam as investigações sobre astronomia, acústica, tendo ressonâncias na antropologia e na teoria política de Platão. Certas noções musicais, como as de melodia, harmonia, ritmo, foram empregadas contemporaneamente nos campos da psicologia, antropologia e história e, por Moutsopoulos, na filosofia da história e na crítica da cultura.

No campo da psicologia, as idéias de estrutura organizada, de integridade, de constância, de repetição, foram amplamente utilizadas pela Gestalt, como as obras de Ehrenfels, Köhler e Meinong evidenciaram, reportando-se a procedimentos que reaparecem na "música dodecafônica de Alban Berg [...] ligeiramente ulterior à primeira elaboração dos princípios fundamentais da teoria da forma"[37].

No plano de antropologia, as obras de Lévi-Strauss, notadamente Antropologia Estrutural e Mitológicas, estabelecem "estrita relação entre estrutura musical e estrutu-

[36] Id., ibid., p. 239.
[37] Id., ibid., p. 233.

ras antropológicas", no âmbito da organização do material colhido, da diversidade dos modelos reconhecidos e da afinidade que estabelece entre a estrutura dos mitos e estruturas musicais[38]. Nosso filósofo põe em relevo, na obra do antropólogo francês, a articulação do comentário mediante artifícios próprios da composição musical, bem como a denominação de capítulos com terminologias retiradas da música: temas, variações, concerto, fuga, sonata etc., estabelecendo um paralelismo estreito entre o mito e a música. Ele evidencia que "o mito, como a música, é de natureza plástica e maleável"[39], de modo que recorre a uma lógica diversa da estritamente científica mas aparentada com a da estrutura musical.

A análise inspirada em aproximações morfológicas foi empregada, antes de Lévi-Strauss, por autores como Granet, Dumézil, Grégoire, Wagner, anunciando uma "equivalência entre o estatuto ontológico da obra musical e do mito"[40], que apoiou o paralelismo epistemológico e metodológico a que Lévi-Strauss recorreu.

No plano da história, entendida como exame da evolução da humanidade através do tempo, integrando os eventos num amplo complexo de fatos, Moutsopoulos discerne, nas interpretações pitagóricas, platônicas, estóicas, a idéia de ritmo. Essa idéia será retomada modernamente por Vico, Bossuet, Hegel, Spengler, Toynbee.

[38] Id., ibid., p. 233-34.
[39] Id., ibid., p. 234-35.
[40] Id., ibid., p. 236ss.

A seguir, nosso filósofo expõe sua própria concepção, que ele chama de fúgica, mostrando a alternância rítmica do *vir-a-ser*, próxima da estrutura da música serial que se inspira no dodecafonismo e é antecipada por Schönberg.

Aplicado à realidade histórica, esse método interpretativo enfoca os eventos "como repetições de um mesmo modelo universal sob formas diversas..."[41]. Assim, para nosso autor, a música, enquanto "estrutura [...], sonho incantatório [...] impõe-se [...] como termo de referência [...] para um esforço científico estruturalista inspirado por uma intenção fenomenológica [...]"[42], que visa compreender a sucessão temporal.

Reteremos, como essencial, a noção de ritmo alternante aqui exposta, para a compreensão das crises históricas e de relação entre os conceitos de krisis e de kairós, e de kairós e alternância.

A idéia de kairós aparece ligada à de humanização do tempo[43] e à de superação de crises.

Mostrando a importância da intencionalidade da consciência para a apreensão do curso do tempo, das horas propícias, das categorias do antes e do depois, do não-ainda e do nunca-mais – categorias que denomina de kairicas –, nosso filósofo recorre à consideração das relações entre tempo e consciência em Bergson, Husserl, Piaget, para concluir que "a vida da consciência é, de fato, uma eterna busca do kairós"[44]. Insere, assim, a atividade consciente humana num

[41] Id., ibid., p. 239.
[42] Id., ibid., p. 240.
[43] Id., Kairós on l'humanisation du temps, *in* Kairós, p. 90-93.
[44] Id., ibid., p. 93.

universo temporal inumano, visando humanizar o homem e instaurar seu mundo.

A idéia de alternância é posta, pelo filósofo, em relação com as idéias de Kairós e da descontinuidade no interior de uma continuidade, vinculando estritamente os termos crise e kairós, uma vez mais[45]. Para nosso autor, kairós é o instante irrepetível, a oportunidade única, que ocorre no seio de uma repetibilidade, seja esta cíclica ou alternante.

A alternância consiste, na vida humana, na "sucessão mais ou menos regular [...] de dois ou mais estados [...] que se substituem [...]"[46], como na música os tempos fortes se sucedem aos fracos, segundo um ritmo freqüentemente binário. Na filosofia, Vico, Hegel, Bergson e Lévinas mostram essa alternância na história; na Antigüidade, o ritmo alternante do tempo aparece em Hesíodo, Anaximandro, Heródoto, Empédocles, Platão.

É no interior dessa alternância que a kairicidade se expressa. Ele consiste no instante infinitesimal no qual as duas forças opostas se equilibram e uma estabilidade, embora provisória e precária, se impõe: "Esse dinamismo, do qual os diversos modelos de alternância são expressões particulares", é a expressão da kairicidade intencional da consciência[47], instante decisivo no qual esta se confronta com uma plenitude alcançada e uma carência reconhecida.

[45] Id., Kairós et alternance: d'Empédocle à Platon, *in* Philosophie de la Culture Grecque, Atenas, Academia de Atenas, 1998, p. 49-56.
[46] Id., ibid., p. 51.
[47] Id., ibid., p. 55.

É no horizonte dessas reflexões que Moutsopoulos trata de compreender a racionalidade da história, entendida como o laço essencial entre crise e Kairós, exposta no texto de 2004, que sintetiza e aprofunda os anteriores.

Partindo da consideração da racionalidade do processo histórico[48] – segundo um movimento pendular que se complexifica por alternâncias de progressão e regressão, tal como se apresentou na tradição antiga, nos escritos de Anaximandro, Empédocles, Heródoto e dos trágicos, bem como em Platão, expressando, respectivamente, a Diké e o conflito entre neikos e filotés, entre hybris e tísis (némesis), sucessão de rotações do universo em sentidos contrários, de equilíbrio instável, nos planos cósmico e social –, Moutsopoulos a contrasta com a idéia moderna, de evolução linear de história, em vista da realização da humanidade, tal como J. de Fiore, Hegel, Victor Cousin, Comte e, na Grécia, Petros Vraïlas-Arménis a conceberam.

De qualquer modo, quer se adote uma concepção cíclica, alternante, ou linear da história, o que deve ser retido, segundo nosso filósofo, é a afirmação da existência de uma racionalidade que nela se expressa, por meio da co-implicação de causas e efeitos de modo que uma trajetória aí se esboça, formando uma tessitura na qual se refletem as aspirações humanas.

Essa racionalidade, presente no acontecer, causa espanto, admiração e angústia no homem, à medida que os eventos

[48] Id., ibid., Rationalité de l'histoire. Crises et opportunités historiques, *in* L'Univers des valeurs..., p. 342-348.

imprevistos modificam o que ele desejou, temeu, provocou ou realizou no tempo.

A sucessão de causas e efeitos históricos não implica uma continuidade temporal perfeita; comporta crises, rupturas, superações imprevisíveis, repentinas, casuais ou provocadas.

Retomando a idéia de alternância dialética entre opostos e sua superação – por meio do fator humano –, Moutsopoulos afirma que a crise é sempre resultado da "inserção de uma descontinuidade na continuidade histórica..."[49], que traz em seu bojo a possibilidade de mudanças na marcha regular do tempo, de rupturas e de restabelecimento (ou não) da regularidade interrompida.

Uma vez ocorrida a cesura da continuidade vigente, podem ocorrer tanto a *repetição* do rumo anteriormente seguido quanto a instauração de um *novo*.

Perante uma crise, o papel do filósofo é tríplice: trata-se, primeiro, de levar em conta os seus *sinais precursores*, o anúncio da mudança; *durante* e *após* o evento traumático, de reconhecer as *sobrevivências* do passado, aquilo que pode ser resgatado de tradição em uma dada sociedade; e, finalmente, de reinterpretar a racionalidade dos acontecimentos, à luz da ruptura ocorrida. Crise e oportunidade da mudança estariam, assim, estreitamente ligadas. A oportunidade (Kairós) é a brecha numa continuidade histórica provocada pela consciência humana que intervém no acontecer para modificar seu curso ou reafirmar, perante ameaças de descontinuidade, cer-

[49] Id., ibid., p. 345.

ta direção. Para tanto, deve instalar-se numa perspectiva de futuro, a fim de apreender o instante propício.

Kairós, é, então, a oportunidade reconhecida por uma consciência capaz de fazer previsões e provocar um novo equilíbrio, substituindo uma racionalidade dada por uma intencionalidade nova.

Em suma, interpretando numa perspectiva evolutiva a marcha da consciência no tempo, segundo as categorias da crise e do Kairós, Moutsopoulos pretende provocar uma nova visão da história. Recordemos, em síntese, o que propõe. A crise, numa dada sociedade, consistiria na repetição, não de eventos, mas de situações que implicam uma ruptura da continuidade temporal, uma mudança da sorte, seja num sentido negativo, de sua destruição ou desaparecimento, seja num sentido positivo, de sua alteração qualitativa em direção a um *ser-mais*.

No sentido positivo, a crise é identificada com a "oportunidade", o "instante propício", o "tempo favorável", o momento culminante que possibilita a passagem para um nível qualitativamente mais alto, um *ser-mais*, no plano espiritual de uma sociedade que foi capaz de abeberar-se de riqueza de seu passado e de sua tradição, respondendo aos desafios presentes e projetando seu futuro.

Como na música, na fuga musical, há, na vida de uma sociedade, temas – seus valores, variações sobre temas –, a adequação, a cada nova época, desses valores às novas situações; alternâncias, repetições de temas – mergulhos no passado e aí busca das fontes originais, os valores fundadores da sociedade, reformulando-os perante as novas exigências; desaparecimento e ressurgimento de temas — fracasso ou sucesso de uma dada sociedade, na retomada criadora de sua tradição[50].

Crise e oportunidade convergem quando a consciência humana é capaz de inserir sua intencionalidade no acontecer, intervindo e provocando a metabolé ou reconhecendo, no *vir-a-ser*, o instante propício para a decisão que produz a mudança qualitativa necessária à continuidade da vida.

É nesse sentido positivo, de quase identidade entre crise e Kairós, em que a crise e a oportunidade de sua superação coincidem que é preciso entender a contribuição original de Moutsopoulos para a compreensão da sociedade contemporânea, à luz de sua teoria da história.

Diz nosso filósofo: "Se nossa época é numa época 'de crise' como 'de crises', é porque se situa num ponto crucial da elaboração da história humana. Ora, crise significa discriminação, distinção, separação seletiva [...]. Nesse contexto, crise significa igualmente Kairós [...]. Nossa época é, efetivamente, uma época Kairica que se presta à intervenção da intencionalidade da consciência humana, mediante a práxis"[51].

Exemplo da crise atual é o que nosso filósofo chama de terricídio, na civilização da guerra; exemplo de Kairós, é a meditação sobre a possibilidade de passarmos da guerra à paz, e de os valores se patentearem em sociedades democráticas, na era da conquista do espaço.

[50] A idéia de resposta criadora a desafios, lembra a concepção histórica de Toynbee, autor a que Moutsopoulos recorre como uma das fontes de sua interpretação da história.

[51] Id., Espace Kairique, espace pragmatique de demain, *in* Kairós, p. 101.

Vejamos a questão do terricídio. Numa perspectiva que tem pontos de analogia, a nosso ver, com o pensamento de Hans Jonas, Moutsopoulos aponta a irresponsabilidade e a irreflexão dos que exploram destrutivamente a terra, pressagiando sua total destruição. A ameaça à fauna e à flora, já assinaladas nas obras de Bosch (*A nau dos insensatos*), de Munch (*O grito*), de Picasso (*Guernica*), de Nicolacopoulos, anunciam a catástrofe, a extinção iminente de vegetais e animais. Na Bíblia, o episódio de Babel e, em Sófocles, a descrição da hybris de Ajax, também indicavam, nos planos da tradição religiosa e da arte, os riscos de destruição de um mundo no qual o homem atue sem a prudência necessária.

Evocando Platão e Epicuro, que já falavam da petteia, arte dos jogadores de xadrez, técnica que permite prever e calcular os efeitos das decisões tomadas pelos jogadores, visando atingir bons resultados, Moutsopoulos afirma analogamente a exigência contemporânea de encontrarmos o kairós entendido como "arte de viver", que impeça a destruição do nosso mundo.

Contraditoriamente, no momento em que trata de se aventurar no espaço cósmico o homem pratica o terricídio. O progresso tecnológico, característico de nossa era, expressa uma realização inimaginável até agora, mas não foi acompanhado de um equivalente progresso moral. O desnível entre um e outro gerou uma crise de enormes proporções. A tecnologia é um bem, torna o homem senhor de seu universo, reconhece o filósofo, mas é preciso, diz ele, para mostrar-se benéfica, que seja acompanhada pela afirmação de valores espirituais, os quais têm como eixo a noção de respeito pelos diferentes seres do mundo, pelo homem, pelas culturas.

A destruição que nos ameaça não é irreversível; parece mesmo que começa a ocorrer uma reação contra a "espiral infernal" em que os achamos lançados.[52]

Considerando nossa civilização como a da guerra, e esta como a pior manifestação de qualquer crise, Moutsopoulos atribui a desarmonia vigente à inadequação entre a intenção do homem e a realidade, entre o que se propõe a ser e o que efetivamente realiza. Mas afirma também a capacidade humana de progresso cultural, espiritual, deixando entrever a possibilidade de superarmos a violência e a guerra, caminhando em direção a uma vida pacífica, na qual a justiça e a liberdade sejam garantidas por um governo mundial livremente eleito[53].

Mostra que o ser humano está votado à expansão no espaço, enquanto domina e integra o meio circundante; no tempo, mediante o estabelecimento de referências kairicas; no plano dos valores, objetivando-os, mediante a reestruturação incessante de sua vida[54].

Um dos aspectos dessa expansão no espaço é a exploração do cosmos, que tem como correlato a investigação do mundo do espírito. Inventando novas técnicas, descobrindo novos mundos, o homem pode desvendar novos modos de ser, formular novas culturas, estruturar novas sociedades. Diz o filósofo:

[52] Id., Avant le terricide definitif, quel espoir?, *in* L'univers des valeurs [...], p. 402-408.
[53] Id., La civilisation: de la guerre à la paix, *in op. cit.*, p. 409-412.
[54] Id., Phénoménologie de l'expansion humaine, *in* op. cit., p. 417-421.

> Separado da Terra, sua mãe nutriz, [...] [o homem] adotará uma outra [mãe nutriz] que se tornará seu novo lar [...] [que] deverá assegurar a continuidade da espécie [...], ser adaptável às necessidades das sociedades que aí se desenvolverão, permitir a eclosão de uma cultura [...], desencadear [...] novas colônias humanas no espaço cósmico[55].

No que diz respeito aos valores, Moutsopoulos afirma o verdadeiro, o bem e o belo como critérios universais[56], aos quais as novas civilizações e novas culturas vão se referir, adaptando-os às novas situações.

Uma das características de nossa época é, para o filósofo, a substituição da importância da noção de tempo pela de espaço. Para Moutsopoulos, Bergson prefigurou essa mudança, opondo à noção comum de tempo o conceito de duração: analogamente, no pensamento científico contemporâneo, "o tempo é considerado como uma noção puramente auxiliar e [...] um simples instrumento de trabalho"[57].

Nosso filósofo, afirmando a noção de kairicidade, aplicada ao tempo e ao espaço, reforça essa tendência, uma vez que substitui em categorias temporais tradicionais pelas do não-ainda e do nunca-mais, às quais acrescenta as espacio-kairicas do não-ainda-aqui e do nunca-mais-em-parte-alguma, que põem em relevo o espaço-tempo qualitativamente considerado.

[55] Id., Expansion de l'homme, implosion de l'espirit, *op. cit.*, p. 423.
[56] Id., Les valeurs dans l'espace cosmique, *in* op. cit., p. 425 e segs.
[57] Id., L'espace cosmique: hier, aujourd'hui, demain, *in op. cit.*, p. 431.

Ao lado desses aspectos epistemológico e axiológico da questão, um novo fator se inscreve de modo a acentuar a importância do espaço: é a possibilidade – já entrevista hoje – de "disseminação" de ao menos uma parte da humanidade no espaço cósmico, ele próprio em dilatação e expansão contínuas [...][58].

Diz ele ainda: "Substituído pelo kairós, o tempo é, pela primeira vez, marginalizado em favor do espaço. O espaço, na ocorrência espaço cósmico, [...] torna-se, graças ao homem [...], o protagonista da aventura humana"[59].

Isto desencadeia, no plano da filosofia, uma atitude antrópica, que se expressa pela ênfase dada ao significado humano da investigação científica, procurada tanto pelos pensadores quanto pelos cientistas. Trata-se de integrar plenamente a humanidade no universo, produzindo, no futuro, uma colaboração crescente entre cientistas e comunidades planetárias, entre cidadãos do mundo e cidadãos vivendo em comunidades extraterrestres.

A expansão da conquista do espaço funcionará como catalisadora de uma evolução moral e política, provocando total renovação no modo de compreender a existência. Diz Moutsopoulos: "Esta problemática se organiza [...] em torno da idéia traduzida pela expressão 'apelo do espaço'"[60].

É nessa direção, refletindo a partir das possibilidades abertas para o futuro do homem[61], que nosso filósofo assi-

[58] Id., ibid., p. 433.
[59] Id., ibid., p. 435.
[60] Id., ibid., p. 437.
[61] Id., L'avenir anticipé, *in* L'avenir, Actes de XXI è. Congrès de l' ASPLF, Atenas, 1986, p. 9-12.

nala a possibilidade de superação do terricídio, da guerra, por meio da paz e da expansão humana, fundada tanto nas perspectivas novas introduzidas pela ciência quanto nos valores tradicionais do bem, da beleza e da verdade. Daí o filósofo afirmar: "Trata-se de um processo de anteriorização e de kairificação do futuro [...]", associado à atividade de consciência que, graças a um "presente provisional" se insere "num futuro que ela assimila previamente e que integra definitivamente"[62].

A interessantíssima análise de Moutsopoulos apóia-se solidamente na epistemologia atual e nas recentes contribuições da astrofísica, não sendo casuais tanto sua erudição nesses campos quanto a presidência que exerce, da International Association Cosmos and Philosophy, fundada na Grécia e que reúne colaboradores da Academia de Ciências de Rússia, da Academia de Ciências da Bulgária e integra, entre seus participantes, filósofos e cientistas.

Em síntese, podemos dizer que crise e kairós, ameaça e oportunidade, estão presentes na sociedade contemporânea, propondo ao homem atual o desafio de alcançar uma alteração qualitativa da existência, reorientando-a em busca de um *ser-mais*.

[62] Id., ibid., p. 10-11. Ver também notas 50, 51, 54, 55.

2

PROMETEU OU EPIMETEU: A CRISE CONTEMPORÂNEA DO HUMANO E OS VALORES FILOSÓFICOS DA GRÉCIA[1]

Anna Keléssidou[2]

Introdução

Compreender a crise ou as crises do mundo contemporâneo significa recorrer ao pensamento objetivo: aquele que rejeita a mentira e ama o verdadeiro – a veracidade, como diria Platão (*República*, 485) –; o pensamento emancipado, na medida do possível, das motivações interessadas, psicológicas ou ideológicas; em outros termos, é recorrer a um espírito que sabe aprofundar o significado de uma crise, com referência às mudanças de estrutura que funcionam como causas fundamentais de sua existência e em relação às perspectivas ou às possibilidades de sua superação.

O que caracteriza nosso mundo de hoje é que o homem contemporâneo não é espectador das mudanças mas, sim,

[1] Tradução de Constança Marcondes Cesar.

[2] Prof[a] Dr[a] da Academia de Atenas (Grécia).

colaborador da *cosmicidade* do cosmos, quer continue a inventar o mundo pelo pensamento, transformá-lo, ou quer seja responsável pelas suas mudanças. Nessas duas possibilidades do agir humano se cotejam a capacidade industriosa, eficaz, prometeica da razão e uma espécie de terror causado pela *hybris* – descomedimento ou insolência epimeteica.

1. A realidade histórica de nossos dias, no seu conjunto, e principalmente no campo das relações entre os países e das pessoas no interior de um país, exige o recurso a uma idéia fundamental da filosofia política da Grécia antiga, idéia essa hoje desconhecida ou freqüentemente esquecida e, em conseqüência, na origem da maior parte das crises de nosso mundo: a da ligação indissolúvel entre a política, o direito e a moral. Esta conexão constitui incontestavelmente uma espécie de cuidado com o humano e um meio de defesa contra os conflitos destrutivos do mundo contemporâneo e tem como medida substancial a concepção do homem visto como "princípio do agir", segundo Aristóteles (Et. a Nic., K 7 1177 a 28-34), como dotado de um dom natural por excelência, o *logos-nous*, o termo sendo considerado na sua dupla acepção de juízo reto e de sagacidade.

Se é verdade que – num sentido filosófico e não histórico – "o milagre grego" não consiste nem na conquista do saber científico nem na coleção de conhecimentos concernindo ao mundo e ao homem, mas nas referências dos fatos às suas causas, então o seu sentido primordial é constituído pela constante do pensamento grego: que a verdade é o quinhão do homem racional, idéia essa que impõe uma atitude responsável na vida privada e na pública.

Os dois sentidos do logos-nous convergem no pensamento filosófico da Grécia em busca da salvação do homem, desde sua aurora até seu apogeu: o primeiro sentido é defendido por Demócrito (B 236) que, mencionando a capacidade do *homem racional*, enriquece uma intuição de Heráclito (B 85) concernindo ao poder devorador da cólera ou do impulso; o segundo sentido é defendido pelos dois promotores do nous como princípio hegemônico para a salvação da cidade, escapatória dos males, Platão (*Criton* 46 b, *Leis* 713 d - 714 a) e Aristóteles (*E.N.* I, 1134 a 1135).

Seria interessante recordar também que uma das características distintivas do espírito pré-socrático foi a rejeição de toda atitude que opta pela qualidade puramente fortuita do mundo, e isso no sentido não de uma ausência de necessidade, mas de uma ausência de ordem. Essa idéia reproduz, em nível de seres cósmicos, o processo estabelecido na ordem social e política pela *isonomia* (Anaximandro). O cosmos feminino da poesia filosófica de Empédocles soube conter a melhor mensagem para toda concepção moral do mundo: o cosmos, para ser tal e permanecer tal, ser conservado, deve ser governado pela amizade. A humanidade deve velar pela expansão do amor e fugir dos gênios da morte, do ódio em primeiro lugar, bem como da inveja e da desmedida.

2. O reconhecimento do direito ao Logos, expressão do pensamento que emana da confiança no Logos como medida das necessidades e valores foi, na Grécia, a fonte da concepção filosófica da democracia. Concepção que, como a própria filosofia, surgiu durante as crises históricas como uma espécie de ato de justiça. Assim, foi sem-

pre ligada às questões cruciais concernentes ao humano e sempre baseada num ótimo, unida a princípios fundamentais de felicidade da vida humana, tais como: o respeito à dignidade humana, o valor do homem livre – que iguala o do homem vivendo em sociedade – o interesse comum, a liberdade de expressão, liberdade preservada pelos princípios do *Kairós* – tempo oportuno – e da medida (*évoguié* – volume ou quantidade conveniente) –; do respeito à lei – muralha protetora, da justiça, da igualdade, da atribuição de pontos de consideração e de valor aos melhores ou meritocracia – que rejeita o nivelamento na esfera da pólis – da concórdia-amizade e da crítica do poder bem como da autocrítica dos cidadãos. *A lição suprema* – mégiston *mathéma*, para dizê-lo na linguagem platônica – que obtemos pelo estudo de certos fragmentos de Demócrito (49, 67, 102, 177, 250, 255, 265, 267) e de um fragmento de Arquitas (B 3) é que a consciência racional e moral, cotejando a coragem (*tolmé*) e a reflexão (*logismos)*, retifica o arbitrário e a injustiça, procede à realização do humanismo como concórdia, ajuda mútua, consentimento – ajuda aos menos fortes pelos ricos, o que equivale, para nós, à rejeição de igualdade mecânica na esfera da economia –, amizade e tantos outros benefícios "impossíveis de mencionar" (Demócrito B 255).

Esta lição, cuja atualidade é incontestável, demonstra que a condição prévia da democracia é ser um modo de libertação do espírito crítico e um modo de vida coletiva em liberdade, baseado no reconhecimento do valor do homem; assim, é a democracia que preserva e pode ser preservada e, principalmente, deve sê-lo de modo axiológico.

3. É na mesma linha de pensamento que se inscreve – que deve se inscrever – o problema da liberdade, problema que está na base de muitas das crises contemporâneas. A filosofia grega ligou a liberdade ao dinamismo da natureza humana, concebendo-a como atributo do espírito, cuja vida não se manifesta no arbitrário e que se decide pelo melhor. Esse melhor é realizado pelas tendências e forças unificadoras, como uma *Kallipolis* universal, nas quais, como disse Henri Joly a propósito da cidade platônica, "todas as disposições e regulamentações... obedecem ao princípio da medida, que permite, entre dois extremos, fixar sempre um ótimo" (*Le renversement platonicien. Logos, Epistéme, Polis*, Vrin, 1980, p. 366-367) ou, como disse o próprio Platão, a ciência (e, acrescentemos, toda atividade política) não está "separada da justiça e das outras virtudes" (*Menexeno*, 274 a).

Conclusão

A exposição precedente não visa um retorno ao passado, mas à investigação dos meios de socorrer a humanidade contemporânea para sair da maior parte de suas crises, essencialmente morais. A idéia do respeito ao humano, da solidariedade, é uma idéia utópica só para os governantes que não estão decididos a servir ao bem comum, para os poderosos, cegos pela pleonexia. Uma democracia ética nunca é impraticável; os valores de justiça, ajuda mútua, dignidade humana, responsabilidade e medida sempre podem servir para confrontarmos o racismo, a servidão e toda espécie de exploração das consciências e de abusos causados pelas paixões. Em suma, a crise ou as crises contemporâneas exigem o recurso à *méchané*, expediente eficaz do homem, à *paedia* filosófica.

3

AS TEORIAS SOCIAIS E O ENFOQUE LEVINASIANO SOBRE JUSTIÇA

Gabriel Lomba Santiago[1]

Introdução

A questão de uma sociedade mais justa é um desejo universal. Oferecer a essa questão uma resposta convincente traz inúmeros problemas de ordem lógica, ética, política, religiosa etc.

Os problemas existem porque as diferenças de enfoque humano são reais e, portanto, diferentes serão as teorias sobre a sociedade, embora todos busquem um consenso de ordem científica viável. Faz-se necessário apresentar um estudo de aproximações, alternativas e contribuições teóricas acerca da compreensão das relações sociais e a vida humana na perspectiva .

O objetivo deste trabalho é pesquisar e refletir sobre as condições da vida humana, em que indivíduo e sociedade buscam formas de felicidade e, para isso, recorrem a teorias, alternativas e práticas que correspondam a um melhor ordenamento social.

[1] Prof. Dr. da Faculdade de Filosofia/Centro de Ciências Humanas da Pontifícia Universidade Católica de Campinas.

Nesse sentido fomos buscar em alguns autores, de renomado conhecimento, como Aristóteles, Hobbes, Marx, A.Smith, Durkheim, Campbell, Weber e Schultz, sua contribuição no campo da teoria social.

Esse preâmbulo o consideramos adequado porque solidifica melhor a fundamentação filosófica de Emmanuel Lévinas.

Lévinas foi um crítico que atuou a partir da fenomenologia, viveu os horrores dos campos de concentração e sentiu a injustiça a fundo. Por isso o tema da existência corporal, sensível, vulnerável, enfim, o sofrimento como aparece em Totalidade e Infinito: "O ser que se expressa se impõe, precisamente chamando-se a partir de sua miséria e nudez sem que possa fechar meus ouvidos a seu chamado...".

Trabalhando intensamente o conceito de alteridade, Lévinas caminha na direção do outro, como realidade fora da totalidade.

Lévinas percebeu que Heidegger, por estar na totalidade européia, não superou a ontologia da totalidade porque carecia da categoria de alteridade. Assim, Lévinas explica em *Totalidade e Infinito* que a justiça só pode ser entendida e reconhecida na perspectiva da alteridade.

1. As teorias sociais e as propostas de alguns pensadores

O problema em questão

Na sociologia como estudo científico autoconsciente da vida social, predominam especialmente *três idéias de três escolas* que disputam a teoria social contemporânea: Marx, com *conflito e poder*; Durkheim, em *estrutura e função,* e Weber com *visão social e burocracia racional.*

Afinal, qual é a natureza da sociedade em que se pode visualizar a questão da justiça? Só o fato de termos uma concepção de sociedade é fundamental para conhecermos a nós mesmos. Já dizia Aristóteles que o homem é "um animal social", por isso não pode viver separado do seu grupo social, visto que a imagem que temos de nós mesmos é inseparável da representação que temos da sociedade (cf. Campbell, 1994, p. 18).

Por outro lado, é preciso refletir sobre a sociedade como uma organização criada por indivíduos distintos que precisam satisfazer seus propósitos particulares. A partir dessa afirmação podemos tentar a teorização sobre a sociedade e sobre como fomentar a organização social (id., p. 21). Logo, tentar responder às questões sociais é a aventura dos séculos.

Marx, à medida que busca as causas da injustiça social nas contradições do sistema capitalista, mostra a realidade oculta da existência social, trazendo à superfície as necessidades econômicas que estão subjacentes ao conflito de classe. Portanto, cada teórico desenvolve a seu modo, por meio de observações e experiências, conceitos sobre a sociedade.

A explicação de Campbell sobre a problematização da teoria social merece a devida consideração:

> La abstracción y la generalización son indispensables para cualquier teoria sistemática, porque es cierto que hasta cierto punto es a ellas a lo que conduce teorizar. Pero intentando elaborar uma teoria de uma entidad tan compleja e intangible como es la sociedad, estos procesos pueden concluir em algo muy vago e impreciso

> y no ofrecer sin esperanza, alguna información .Intentar ser totalmente comprensivo significa a menudo no darse cuenta de lo que es verdaderamente interesante en los fenomenos em cuestión, en este caso las diferencias significativas que hay entre los tipos de relaciones sociales. Un objetivo importante de uma teoría social es, por lo tanto, resumir las diferencias más importantes que existen entre los fenómenos sociales, ofreciendo así uma classificación o taxonomía de los tipos de sociedad" (id., p. 29).

Hobbes propõe uma teoria universal, aplicável a todas as sociedades. Durkheim, na maior parte de suas obras, refere-se à diferença que existe entre dois tipos de solidariedade, a *mecânica* e a *orgânica.* Marx analisa e compara o feudalismo e o capitalismo e se equivale a Weber para explicar a transição que tem lugar desde a organização tradicional à burocrática, racional-social.

Hobbes, Smith, Durkheim e Marx concordam no sentido de que a maior parte de suas explicações sociológicas implicam enunciados *causais*, isto é, se se observa que dois tipos de acontecimentos ocorrem regularmente em certa ordem temporal e proximidade espacial, existe a necessidade natural de uni-los e explicar como se dá a instância particular de um tipo de fenômeno (id., p. 30).

Mas fica aqui a questão: como podemos aceitar literalmente esse enfoque anterior da explicação social se a conduta humana, sendo livre, não pode ser determinada *causalmente*? Portanto, deveríamos compreender as motivações e as razões humanas observando, de forma imaginativa, crenças, emoções e introspecções (cf. id., p. 31). Assim, talvez se possa satisfazer a curiosidade intelectual por meio de explicações sociais que revelem o sentido da *conduta* em vez propriamente de suas *causas*.

Estão aí dois enfoques pertinentes, pois não podemos reduzir uma análise social a um simples produto lógico-matemático, nem considerar como resultado acabado a visão introspectiva. De qualquer forma, teorizar, descrever, explicar estão relacionados.

Colocamos neste item os problemas e a teorização sobre eles em vista de uma noção valorativa de sociedade em que as teorias devem estar sempre abertas à critica.

A concepção aristotélica de sociedade

Aristóteles procurou compreender as causas sociais, mas não foi especialmente um teórico social, entretanto considera ser a sociedade um fato natural humano em vista de sua finalidade (teleologia).

A filosofia de Aristóteles é naturalista e teleológica, procura convencer-nos de que a vivência cívica comunitária é *natural* no homem pois "La naturaleza quiere, en efecto, que la obligación de ser justo aumente com la amistad, puesto que la justicia y la amistad se dan entre las mismas personas y tienen uma extensión igual" (Aristóteles, Obras, Ética,1160ª/82, p. 465). Mediante a forma teleológica do naturalismo, cada ser possui uma causa final que o faz desenvolver-se, é o seu "telos".

Para Aristóteles, a virtude não é o único aspecto da boa vida. A cooperação social é necessária para a prosperidade material, para que o homem possa desenvolver sua capacidade, especialmente a contemplação teórica.

A sociabilidade natural do homem assume muitas formas que Aristóteles sintetiza no conceito de "philia" (amizade), exemplificado em *Ética a Nicomacos:*

> La amistad és necesaria. Mas aún: es admirable; nosotros no escatimamos nuestros elogios a los que aman a sus amigos y um gran número de amigos constituye uno de los bienes más envidiables y honrosos; algunos incluso opinan que es uma misma cosa ser um hombre honesto y un amigo fiel (obras, id., 1155ª, p. 452)

Enfatiza também que a concórdia é um sentimento amistoso. "La concórdia parece, pués, ser uma amistad política y en este sentido es como se emplea la palabra concordia. La concórdia se ejerce en el orden de los intereses comunes y de la vida en sociedad" (Obras, Ética, IX, 6, 1167b, p. 487).

O termo "polis" é a idéia que Aristóteles tem da sociedade e do Estado no sentido de comunidade cívica (cf. Campbell, 94, p. 77) e usa o termo "koinonia" para referir-se a um grupo social que abrange todos os tipos de comunidade nos quais o grupo mais simples é a família (oikos) ou comunidade doméstica.

Ainda que a "polis" apareça historicamente depois da família e dá aldeia, é anterior a estas no sentido de que é o "telos", o fim que dá movimento e lugar a formas menores de comunidade. A "polis" aperfeiçoa a vida humana e representa mais que uma associação de desejos particulares. Ela é essencialmente a união de pequenos agricultores (relativamente independentes), além de comerciantes e artesãos. Talvez Aristóteles seja utópico ao enfatizar que a cooperação é o desenvolvimento de cada tipo de pessoa que vive dentro da polis e tenta obter formas de excelência humana mais elevadas para poucos agricultores que são mais ricos e homens de negócios que vivem o ócio e a virtude necessárias para o desenvolvimento de suas potencialidades (cf. Campbell, p. 80). E, ainda, a afirmação de Aristóteles:

> Toda ciudad es, como podemos ver, uma espécie de comunidad, y toda comunidad se há formado teniendo como fin un determinado bien ya que todas las acciones de la espécie humana en su totalidad se hacen con la vista puesta en algo que los hombres creen ser un bien. Es, por tanto, evidente que, mientras que todas las comunidades tienden a algún bien, la comunidad superior a todas y que incluye en si todas las demás debe hacer esto em un grado supremo por encima de todas, y aspira al más alto de todos los bienes; y esa es la comunidad llamada Ciudad, la associación política política (Obras, Política, I,1,1252ª, 675).

Por outro lado, no capítulo V de *Ética*, Aristóteles deixa claro que a justiça é a base para a comunidade cívica, na qual estendem-se os benefícios segundo os méritos dos que estão implicados: "Segun nuestra experiência todos están en perfecto acuerdo en llamar justicia a la disposición que nos hace capaces de realizar actos justos...". (Obra: *Etica*, V, 1, 1129ª, p. 371).

Na polis as regras de justiça se inculcam por meio de um sistema educativo politicamente controlado e administrado por magistrados (cf. Campbell, p. 80). Visto que sua origem se funda na razão, faz parte da lei natural e, por conseqüência, as regras de justiça são as mesmas em todos os lugares. Assim, "en toda polis los iguales serán tratados como iguales" (id., p. 80).

Mesmo Aristóteles não sendo adepto de uma democracia total – acredita na superioridade natural de alguns homens, característica de sua simpatia pela aristocracia –, reconhece, contudo, que é preciso um determinado equilíbrio de interesses entre ricos e pobres (cf. id., p. 80). Inclusive, admite a possibilidade de que os homens bons se corrompam pelo cargo que podem estar ocupando. Portanto, a vida natural do homem está na polis (com suas diferenças). A polis é uma comunidade (koinonia) de cidadãos. A função política do cidadão se determina pela constituição da polis. As constituições são éticas e institucionais, a partir daí deve realizar-se uma forma particular de vida boa e por sua virtude o cidadão assume as suas obrigações cívicas. Diz Aristóteles:

> El que intente hacer uma investigación adecuada sobre la cuestión de cual es la mejor forma de constitucion debe necessariamente determinar, en que primer termino, cual es el modo de vida mas deseable. Pues mientras no se conozca con certeza esto, también resultará de modo necesario incierto cual es la mejor forma de contitución, puesto que es de se esperar que el pueblo que tenga la mejor forma de gobierno, la mejor dentro de suas condiciones particulares, sea el que mejor y más prosperamente viva,dejando aparte las circunstancias excepcionales. Por eso hemos de ponernos, em primer lugar, de acuerdo sobre que vida és mas deseable para la mayoria de los hombres y, luego, sobre si esta misma vida es la más deseable tanto para la comunidad como para el individuo, o es distinta para uno y outro (Obras. Política, VII, 2 - 1323b, p. 927).

Aristóteles tem boa desconfiança da democracia, preferindo a aristocracia porque não acredita na igualdade humana; somente os que têm habilidade natural e boa origem servem para governar e cultivar certo estilo de vida. A comunidade tem menos importância. Paradoxalmente, Aristóteles, oferecendo os instrumentos materiais para conceber uma comunidade de iguais, termina num sistema hierarquizado.

No topo desse sistema hierarquizado encontram-se pessoas relativamente ricas e também virtuosas. Abaixo, seguem as ricas mas não virtuosas da comunidade, seguem as que se dedicam à agricultura; mais abaixo, as pessoas que atuam no comércio e no trabalho artesanal. Na base do sistema, os escravos naturais e estrangeiros (cf. Campbell, p. 85).

A crítica que podemos fazer à teoria social de Aristóteles é a de que faz *conclusões normativas* em torno das melhores formas de organização social, partindo de observações de sociedades reais sem oferecer argumentos justificadores.

A atitude aparentemente empírica que faz da afirmação do que é simplesmente *natural* exige algum tipo de racionalidade de um tipo de vida particular que admite a melhor forma social de viver. Por isso, o conceito de natural às vezes é confuso, reforçando a hierarquização justificada com certa "naturalidade", o que torna difícil saber quando faz juízo de valores ou quando descreve e explica fenômenos sociais.

Campbell percebe muito bem o pensamento de Aristóteles quando diz que:

> [...] el retrato dualista que hace del hombre segun el cual éste es naturalmente sociable al mismo tiempo victima de querer poseer de forma egoísta, sigue siendo aún un punto de partida en casi toda la teoria social contemporânea [...] (p. 87).

Continuamos nossa reflexão a partir de agora sobre a sociedade moderna e contemporânea, egoísta e individualista, analisando as teorias sociais primeiramente na perspectiva de Thomas Hobbes.

Hobbes e a visão contratualista da sociedade

Tal como Aristóteles, Hobbes (1588-1679) sustenta uma concepção política da sociedade, porém tem pouco em comum com o ideal da comunidade cívica de Aristóteles (cf. id., p. 91). O homem de Hobbes é mais egoísta do que o de Aristóteles. E Hobbes acha que a sociedade e a ordem política das quais o homem depende, se aceitam intrinsecamente mal, contudo, são condições necessárias para a sobrevivência.

Hobbes sugere que a sociedade nos ajuda a alcançar certos objetivos pessoais, como a segurança material. Sustenta que o homem tenta escapar dos imprevistos da natureza, por isso a necessidade da associação de pessoas sujeitando-se a um governo que represente uma autoridade política. Autoridade que combate tendências destrutivas que caracterizam a natureza humana. Durante sua vida, Hobbes procurou uma saída para a infeliz condição humana, utilizando-se do seu trabalho intelectual e buscando uma teoria sobre a natureza humana e a sociedade que fosse verdadeira.

Desenvolveu suas idéias sobre o homem e a sociedade em livros importantes: *De Corpore*, *De Hominis*, *De Cive* e, finalmente, *Leviathan* (1651). A defesa que Hobbes fez do absolutismo político em *Leviatã* teve como conseqüência um bom número de críticos, e o mesmo aconteceu com as teorias morais e psicológicas, com as quais fundamenta sua *teoria social* (cf. Campbell, p. 92).

O sistema filosófico desenvolvido por Hobbes apresentava três partes: na primeira tratava dos corpos materiais (física e geometria); na segunda, de fisiologia e psicologia, e na terceira parte investigou o mais complexo de todos os corpos: a sociedade ou o Estado.

Embora tenha sido secretário de Francis Bacon, nunca confiou na metodologia *indutiva* para fundamentar a verdade:

> según él, por mucho que hayamos observado que unas cosas particulares de tipo A, poseen la característica B, no podemos estar nunca absolutamente seguros que todos los A son B, porque no hemos observado ni podremos observarlas todas nunca. Hobbes busca la certeza absoluta como la única meta intelectualmente satisfatória y la única base adecuada para poder instaurar uma forma estable de sociedad (id., p. 93).

Hobbes tornou-se importante para o pensamento filosófico ocidental, principalmente por suas idéias políticas e pelo apoio que sua teoria dava ao absolutismo, concebendo ainda a política como uma ciência que precisava ser fundamentada em noções exatas.

Por intermédio da obra *Leviatã*, constrói a estrutura da gênese do poder pelo qual o homem desejaria ao longo de sua vida. Portanto, no "estado de natureza" (estado em que os homens viveriam se não existissem Estado nem sociedade), cada homem supriria suas aspirações, os outros são concorrentes e precisariam ser eliminados. Não existiria propriedade nem lei, mas guerra constante que essa situação provoca, compelindo o homem a sair desse caos político.

A razão lhe sugere os meios para manter um entendimento recíproco, de conviver renunciando ao direito ilimitado (estado de natureza). Mas o acordo não é suficiente para manter a tranqüilidade: é preciso um poder firme, com força de repressão, capaz de atemorizar os homens e fazer seguir suas determinações. Esse poder, constituído graças a um pacto voluntário dos homens, é o Estado, como diz Hobbes em Leviatã:

> [...] designar um homem ou uma assembléia de homens como representante de suas pessoas, considerando-se e reconhecendo-se cada um como autor de todos os atos que aquele que representa sua pessoa praticar ou levar a praticar, em tudo o que disser respeito à paz e segurança comuns; todos submetendo assim suas vontades à vontade do representante e suas decisões a sua decisão. Isto é mais do que consentimento, ou concórdia, é uma verdadeira unidade de todos eles, numa só e mesma pessoa, realizada por um pacto de cada homem com todos os homens, de um modo que é como se cada homem dissesse a cada homem: "Cedo e transfiro meu direito de governar-me a mim mesmo a este homem, ou a esta assembléia do homens, com a condição de tranferires a ele teu direito, autorizando de maneira semelhante todas as suas ações". Feito isto, à multidão assim unida numa só pessoa se chama Estado, em latim, *civitas*. É esta a geração daquele grande Leviatã, ou antes (para falar em termos mais reverentes) daquele Deus Mortal, ao qual devemos, abaixo do Deus Imortal, nossa paz e defesa. Pois graças a esta autoridade que lhe é dada por cada indivíduo no Estado, é-lhe conferido o uso de tamanho poder e força [...] (Pensadores, Parte II; XVII, p. 109-110).

Somente essa concentração de autoridade garante a unidade da paz social para Hobbes. Mesmo a propriedade é uma concessão do soberano: se não existisse o Estado, ninguém poderia gozar com segurança de qualquer propriedade, pois todos teriam direito natural sobre todas as coisas.

Embora a sua teoria sobre a origem e a manutenção do poder justificasse o absolutismo, em *Leviatã* Hobbes também explicita as condições de dissolução de um Estado. A estrutura política dissolve-se quando desaparece a autoridade absoluta, ocorrendo isto quando o soberano não proporciona mais proteção aos seus súditos.

Está na base da vida social a reciprocidade do contrato social, pois se todos os homens renunciam ao direito natural que têm de defender-se e confiam essa tarefa a um homem somente ou mesmo a uma assembléia de homens, logo todos estarão protegidos. E também Hobbes percebe que os pactos sem espadas são meras palavras, porém, depois de estabelecer o contrato social, o poder coletivo de todos é a espada que impõe esse contrato, pois uma vez estabelecida a sociedade civil será natural que os homens estabeleçam os mais variados **acordos** em que todos se beneficiem (Campbell, id., p. 99-100), já que no estado de natureza ninguém poderia estabelecer o "meu" e o "teu" em virtude da inexistência de leis que estabeleceriam quem tinha direito a isto ou àquilo.

Desse modo (*Leviatã* no capítulo I), os homens começam a sentir a vida com mais segurança, distanciando-se dos males de natureza onde não existe sequer sociedade. Logo:

> La Idea de Hobbes es entonces que todo tipo de relaciones sociales son artificiales ya que son producto del cálculo y el acuerdo mais bien que afecto o el impulso. La sociedad se basa completamente en la racionalidad instrumental y de ninguna manera en el amor o amistad altruísta (id., 100).

Provavelmente, seja essa uma forma radical da teoria do conflito, pois este é inerente à natureza humana e, como tal, sujeito à atenção permanente. Assim, a menos que o soberano intervenha, a força é a base do direito, mesmo que os pais se preocupem em educar os filhos para que sejam amigos.

Hobbes enfatiza que o soberano não é somente o artífice central da força que torna eficientes os acordos, mas também o de afirmar os acordos em que se baseiam as regras institucionais da sociedade, determinando o certo ou errado com referência às interações sociais (id., p. 101). Logo, o que interessa para a organização social não são apenas que as normas da sociedade estejam corretas, mas que também sejam determinadas de maneira autoritária, em que o soberano é temente a Deus, como poder superior, em que os deveres dos governantes estão contidos numa sentença: a salvaguarda do povo é a lei suprema.

Sua filosofia é uma tentativa de fundamentar uma teoria de perfil social nas *impressões sensíveis*, sustentando que estas impressões são suficientes para que o homem atue para preservar sua vida.

Finalmente, para Hobbes, a injustiça é o único tipo de imoralidade que pode ser legitimamente castigada e por isso é questão de suma importância, mostrando assim que o soberano não pode cometer injustiça. O que é moral ou imoral está determinado pela condução a uma paz duradoura, e o que é justo ou injusto está determinado pelas leis do Estado (Honderich, 2000, p. 79). Nesse sentido, Hobbes enfatiza em *Leviatã*: "Num Estado, a interpretação das leis de natureza não depende dos livros de filosofia moral. Sem a autoridade do Estado, a autoridade de tais filósofos não basta para transformar em leis suas opiniões, por mais verdadeiras que sejam" (Pensadores, II, XXVI, p. 171).

Adam Smith: a sociedade e o indivíduo como sistema

Na Escócia do século XVIII desenvolveu-se uma reflexão sobre a chamada "moral sentimental" que se estendeu até a primeira metade do século XIX. Entre os moralistas do sentimento se destacaram Adam Smith e David Hume.

Adam Smith, nascido na Escócia (1723-1790), demonstrou tanto na filosofia moral como na economia um esforço de unir a doutrina com a experiência. Reconhecido mais como economista, destaca-se entre os representantes da "economia liberal", defendendo a liberdade de comércio e sua contribuição na chamada "economia clássica", influindo nos economistas do século XIX, inclusive em Marx.

O grande momento de sua carreira literária viria em 1759, com a publicação da *Teoria dos Sentimentos Morais* (TSM), em que pretendia cobrir todas as áreas do seu curso de filosofia moral. Do ponto de vista ético, pode ser considerado um dos filósofos do "sentimento moral" e um dos que mais desenvolveram a moral da simpatia, pois esta determina a aprovação das ações alheias. Para ele, a simpatia, em sua acepção moral, é o fato de uma comunidade de sentimento com o próximo, em vista da qual se outorga à sua ação um juízo imparcial e desinteressado. Nessa obra trata de explicar a causa, a extensão e a influência dos sentimentos, assim como sua finalidade, e não a utilidade ou egoísmo.

Em sua obra, Smith utiliza o modelo astronômico para explicar que os sistemas sociais são operações mecânicas vivas em que as partes contribuem inconscientemente para a vida e para a atividade do todo. Essa atitude mecânica opera mantendo certos equilíbrios naturais que podem ser restabelecidos quando se alteram em algum sentido:

> Uno de estos equilibrios está representado por los sentimientos morales que el "espectador imparcial" siente de la conducta humana em cada sociedad. Smith utiliza el concepto del espectador imparcial para identificar el consenso sobre las actitudes de aprobación y desaprobación que existen en toda sociedad y que crea y mantiene por los procesos psicológicos y sociológicos que describen en *Theory of Moral Sentiments* (Campbell, op. cit., p. 119).

Da mesma maneira, com referência à busca do estado de equilíbrio, Smith a utiliza na economia, como no caso da idéia do preço natural de uma mercadoria numa economia de livre mercado, como aparece em sua obra *A Riqueza das Nações*. Em grande parte desta obra, dedica-se a explicar os diversos mecanismos que estão ocultos, contribuindo ao funcionamento adaptativo do sistema social (Campbell, p. 119).

A sua reflexão sobre a teoria da moralidade social se baseia na tese de que, à medida que uns compreendam o estado de sentimento "de simpatia" dos outros, pelo menos imaginariamente, partilhamos do sentimento dos outros compreendendo suas sensações; com isso, Smith entenderia o funcionamento das normas sociais. Em síntese, os homens aprovam alguma coisa quando desejam alcançar simpatia mútua que lhes dá prazer pessoal. E é bom lembrar que o sentimento de simpatia não é o mesmo que ato de piedade para Smith.

> Piedade e compaixão são palavras que com propriedade denotam nossa solidariedade pelo sofrimento alheio. Simpatia, embora talvez originalmente sua significação fosse a mesma, pode ser agora usada, sem grande impropriedade para denotar nossa solidariedade com qualquer paixão (TSM I, i, I, 1999, p. 8).

Na citação acima, Smith quer deixar claro que não identifica simpatia com benevolência e altruísmo e, já na famosa obra *A Riqueza das Nações,* tende para o *egoísmo.*

Em sua reflexão, o autor possui certa frieza na avaliação da situação do sofrimento do outro.

> Até mesmo nossa simpatia pela dor ou alegria de outrem, antes de sermos informados das causas de uma ou outra, é sempre muito imperfeita. Lamentações genéricas, que nada expressam senão a angústia do sofredor, criam mais curiosidade de investigar sua situação, junto com alguma disposição de simpatizar com ele, do que uma verdadeira simpatia bastante perceptível (TSM I, i, I, 1999, p. 9).

Por outro lado, não deixa de ser problemática a teoria que constrói sobre as normas sociais, talvez devido ao caráter empírico que possui o fenômeno do sentimento natural, ou seja, as atitudes teoricamente pré-sociais dos homens, a partir das quais se constituem as normas sociais concretas mediante a interação social e a experiência individual (Campbell, p. 134). De alguma maneira, os juízos morais, que certamente são imparciais, são influenciados pelas normas sociais do observador. Também parece existir em Smith uma conexão entre os valores humanos e o que seria naturalmente bom para os homens.

Finalmente, não parece ser fácil uma aplicação das idéias de Smith ao mundo moderno; a simplicidade de sua visão de um sistema que está centrado no fenômeno do interesse modificado pela simpatia. Vejamos a questão do homem em sociedade por intermédio de Karl Marx.

A sociedade como um contínuo conflito: Karl Marx

Marx, ao analisar o humano como ser real e concreto, recebeu a influência de economistas como Ricardo e outros que se dedicaram ao valor-trabalho, além dos que abordaram a economia numa perspectiva sociológica como Adam Smith e Quesnay, que consideravam os aspectos econômicos como relações entre os indivíduos e grupos engajados no processo produtivo. Favorável ao progresso e ao socialismo proposto por Saint-Simon, Marx apreendeu da filosofia de Hegel o método dialético aplicando-o às questões sociais.

Sabemos que Marx estudou a fundo o sistema de Hegel, jamais admitindo a primazia da idéia sobre a matéria, por isso distanciou-se dos idealistas hegelianos para os quais a história era a realização da idéia do absoluto. Interessou-se pela filosofia de Feuerbach, que o levou a compreender a história pelas condições materiais e chegar ao materialismo histórico. Dessa maneira, como dissemos, chega à análise do homem concreto.

Marx explica, por meio de sua obra *A Questão Judaica,* que a verdadeira libertação humana necessitava de transformação não somente das leis, mas, também, dos sistemas sociais de produção e distribuição de riquezas.

Ele considerava a sociedade como um processo de desenvolvimento que evoluiria de conflito em conflito, em que a paz e a harmonia seriam o resultado da guerra e da revolução. Portanto, a característica das relações sociais foram as lutas de classes. E, com a obra *A Ideologia Alemã,* colocava pela primeira vez a explicação sobre o materialismo histórico: "O modo de produção da vida material determina o caráter geral dos processos da vida social, política e espiritual. Não é a consciência dos homens o que lhes determina a realidade objetiva, pelo contrário, a realidade social é que lhes determina a consciência".

O conflito social aparece, segundo Marx, mais entre os grupos sociais do que entre os indivíduos, como entendia Hobbes. Otimista, Marx pensa que se pode viver em uma comunidade humanamente satisfatória.

Suas idéias de desenvolvimento se assemelham com a evolução das espécies de Darwin ao explicar que é possível identificar esses passos evolutivos e explicar porque as sociedades passam por várias etapas. O enfoque de Marx no que diz respeito ao social é a tentativa de que a natureza de qualquer sociedade e seu padrão de desenvolvimento são uma função do modo em que se obtém por meio do trabalho e os requisitos materiais da vida humana, comida, roupa etc. A produção dos meios para manter a vida é a base da mudança. Grande parte da obra de Marx se reflete a partir da composição detalhada dessa tese (Campbell, p. 142).

A teoria social de Marx tem implicações causais. Deixando a descoberto os mecanismos que operam na economia capitalista, Marx procura predizer o seu eminente colapso. O socialismo é para Marx o reflexo no pensamento do grande sofrimento das massas na indústria no último período de desenvolvimento capitalista. Dessa maneira, vai explicar o estado capitalista no programa de ação: *O Manifesto.*

Em Bruxelas, Marx e Engels intensificam seus contatos com os movimentos operários europeus e lançam O *Manifesto* em janeiro de 1848, em meio a agitações sociais. Esse escrito, de grande repercussão, começava com um grande desafio:

> Un spectre hante l'Europe: le spectre du communisme. Toutes les puissantes dela vieille Europe se sont groupées en une sainte chasse à courre por traquer ce spectre: le Pape et le Tsar, Metternich et Guizot, les radicaux français et les policiers allemands (Marx, 1971, 18).

O movimento operário ganhava força nos países europeus, enquanto isso Marx achou oportuno fundar uma associação de operários da América e da Europa. Estava aí toda a realidade, a razão, a ação, a esperança de operários e marginalizados do mundo, mas que teria um fim lacônico com a queda da União Soviética como potência socialista – sem ter resolvido uma problema crucial da humanidade: imensos abismos entre ricos e pobres. Não há solução à vista entre capitalismo central e periférico: riqueza e miséria se alastram. Enfim, qual é a metodologia para o nosso tempo? Os homens podem utilizar individual ou coletivamente sua racionalidade e suas crenças morais?

A busca de uma teoria do consenso: o positivismo de Émile Durkheim

Durkheim (1858-1917), em sua vida e obra, enfatiza a aceitação da sociologia como uma ciência acadêmica e autônoma.

Combinando a pesquisa empírica com a teoria sociológica, contribuiu eficazmente para o estudo de fenômenos sociológicos em que expõe a natureza das relações de trabalho, os aspectos sociais do suicídio e as religiões primitivas.

Para ele, os *fatos sociais são coisas,* e sua característica é o poder de coerção sobre os indivíduos. Procurou fundamentar um aspecto positivo à sociologia; com isso, questionou a postura de converter a investigação sociológica num simples raciocínio dedutivo, a partir de leis universais, ou seja, deve buscar leis, mas não generalidades abstratas, e sim expressões precisas das relações descobertas entre os diversos grupos sociais.

Em seu trabalho "As Regras do Método Sociológico", afirma: "Antes de indagar qual é o método que convém ao estudo dos fatos sociais, é importante saber que fatos definimos" (2002, p. 31). Toda sua obra vai no sentido de demonstrar que pode e deve existir uma ciência objetiva da sociedade, por exemplo, para que haja sociologia, dois requisitos são necessários: a existência de um objeto específico e a possibilidade de observar e explicar esse objeto de maneira análoga à de outras ciências.

Desde que haja coerência com os fatos, conclui-se que a sociedade é uma realidade com características próprias; e as categorias mais próximas às sociais são as biológicas, para

Durkheim, porém isso não significa que aquelas dependam destas, podendo existir conceitos comuns para ambas.

Tanto nas ciências biológicas como nas sociológicas exerce um papel fundamental a concepção de *função.* Para Durkheim a função em sociologia permite relacionar diversos sistemas, por exemplo, permite ver de que modo as atividades, as instituições, os sistemas de crenças existentes na sociedade se relacionam com a sociedade em seu conjunto. O método funcional de Durkheim corresponde à sua idéia de sociedade como um conjunto que possui uma consciência coletiva, e ao mesmo tempo esta idéia de sociedade condiciona o método.

Importante enfatizar que, ainda como Smith, Durkheim busca um tipo de regularidades causais que é familiar nas ciências naturais; seu positivismo difere de Smith por ser mais estritamente sociológico. Considera que uma sociologia, para ser genuína, necessita que seus fatos não possam reduzir-se a nenhum nível de realidade inferior como, por exemplo, àqueles que se estudam em biologia ou em psicologia. Considera-se portanto que tem certa presença de uma *metodologia holística* e, por conseguinte, opõe-se totalmente às metodologias individualistas, como por exemplo a de Hobbes (Campbell, p. 171):

> El rasgo característico del positivismo de Durkheim tiene así la única interpretación de enfocar la sociedad como uma realidad orgánica independiente que tiene sus propias leyes, su próprio desarrollo y su propia vida. Como en el caso de Marx, el holismo metodológico de Durkheim se corresponde com uma postura altamente determinista segun la cual los indivíduos no tienen nin-

> gún poder frente a las coacciones de las fuerzas sociales que producen la conformidad a las normas sociales o hacen que uno se desvie de ellas (Campbell, p. 171-172).

Durkheim procurou dar um aspecto positivo à sociologia opondo-se à tendência de converter a investigação sociológica em um mero raciocínio dedutivo a partir de leis universais.

A sociedade não é simples soma de pessoas (apresenta características próprias que não aparecem no indivíduo). Logo Durkheim analisa o fato social procurando provar que sua característica é ser exterior à consciência individual e esse fato social – objeto da sociologia – deve ser empiricamente explicado. Diz nas Regras do Método Sociológico:

> Um sentimento coletivo, que se manifesta numa assembléia, não exprime apenas o que havia de comum entre todos os sentimentos individuais. [...] É uma resultante da vida comum. Um produto das ações e reações entre as consciências dos indivíduos [...]. Se todos os corações vibram em uníssono, não é por causa de uma concordância espontânea e preestabelecida, é porque uma mesma força os move no mesmo sentido" (I, p. 37).

Durkheim preocupa-se bastante com o lugar que o indivíduo ocupa na sociedade. A polaridade entre individualismo e coletivismo é um tema recorrente em sua obra. Afinal, a sua tese de doutorado "Da divisão do trabalho" envolve essa realidade.

Em 1897, num escrito sobre "O suicídio", reaparece a questão do trabalho, colocando a divisão orgânica deste como desenvolvimento normal das sociedades. Contudo, o número crescente de suicídios leva Durkheim a introduzir o conceito de **anomia,** como ausência ou desintegração das sociedades, ou seja, valores admitidos na sociedade que, por algum motivo a enfraqueceram, e esta logo se acha ameaçada de **desintegração.**

A anomia é, dessa maneira, uma condição na qual religião, governo e moralidade perdem sua eficiência (Campbell, 177). O problema central é, portanto, a relação entre o indivíduo e o grupo.

Se por um lado o homem tornou-se consciente o bastante para não aceitar com passividade alguns imperativos sociais, por outro lado esse individualismo exagerado pode levá-lo a exigir da sociedade mais do que ela pode dar. O resultado dessas tensões em resulta um incremento significativo da taxa de suicídios. Logo, para Durkheim a solução desse problema estaria na organização de grupos profissionais que poderiam favorecer a integração dos indivíduos à coletividade.

A partir da observação das formas mais primitivas da religião é possível compreender as religiões superiores. É sobre isso que Durkheim passou a pesquisar, escrevendo *As Formas Elementares da Vida Religiosa.* Sua base de análise será o **totemismo**, procurando desvendar a essência da religião.

Contudo, Durkheim, como empirista, não pode evitar que seu material de trabalho seja submetido à prova científica. O fato é que generaliza acerca das religiões primitivas, contando com material escasso sobre algumas formas de totemismo australiano (Campbell, p. 192).

O estudo das religiões, de qualquer forma, foi importante nos escritos de Durkheim, pois reaparece a questão do **consenso**, isto é, a sociedade ocidental moderna e racionalista precisou de crenças comuns que não podem ser oferecidas pela religião tradicional por ser submetida a críticas de base científica. Assim, as religiões para Durkheim nada mais são do que a transposição da sociedade para o plano **simbólico**, isto é, por meio do totem os homens adoram unicamente a realidade coletiva transfigurada pela fé.

Enfim, o seu obsessivo empirismo o conduziu, segundo a crítica, a métodos das ciências naturais. Uma alternativa a essa posição será dada por outra figura importante do campo sociológico: Max Weber.

Max Weber: ação social e burocracia

> Guarda-te de pensar que tens tudo o que possuis e de viver de acordo com isto. Este é um erro que cometem muitos que têm crédito. Para evitá-lo, mantém por algum tempo a conta exata de tuas despesas e da tua receita. Se tiveres o cuidado de, inicialmente, registrar os detalhes isso terá o seguinte efeito salutar: descobrirás como as mínimas e insignificantes despesas se amealham em grandes somas e discernirás o que poderia ter sido e o que poderá ser economizado para o futuro, sem grandes inconvenientes (Max Weber. *A Ética Protestante e o Espírito do Capitalismo*, II, p. 26).

Max Weber (1864-1920) escreveu obras importantes e marcantes no pensamento ocidental. "Die Protestantische Ethik und der Geist des Kapitalismus", 1905 (*A Ética Protestante e o Espírito do Capitalismo*); "Wissenschaft als Beruf", 1919 (*Ciência Como Vocação*); "Politik als Beruf" 1919 (*A Política Como Vocação*); "Wirtschaft und Gesselschaft", 1922 (Economia e Sociedade); "Wirtschaftgeschichte", 1923 (*História Econômica Geral*) e "Zur Sociologie und Sozialpolitik", 1924 (*Sobre a Sociologia e a Política Social*).

Por meio dessas obras, Weber expõe os resultados de estudos sociológicos, políticos e históricos, desenvolvendo as bases metodológicas importantes para a constituição da história e da sociologia enquanto ciências.

Weber coloca o conceito de *ação* individual no centro de sua teoria de sociedade e não rejeita a inclinação positivista das explicações causais. Ele admite que a marca distintiva das *relações sociais* está no fato de que estas têm sentido para os que participam delas. O complexo das relações sociais que constituem uma sociedade podem tornar-se inteligíveis quando se consegue compreender os aspectos subjetivos das atividades interpessoais dos indivíduos dessa sociedade (Campbell, p. 198).

Logo, é por meio da análise dos diferentes tipos de *ação* que atingiremos o conhecimento da natureza e a variedade das sociedades humanas.

A análise que Weber fez da afinidade entre protestantismo e capitalismo serve para entender melhor seu pensamento.

Na obra *A Ética Protestante e o Espírito do Capitalismo*, ele aponta a relação entre ética e capitalismo moderno nos países onde predominava o calvinismo. Ao fazer um estudo comparativo com as várias civilizações, Weber demonstra que nenhum sistema que precedeu o capitalismo conseguiu constituir a causa adequada do sistema. E, apesar de não ser a causa exclusiva, o protestantismo é uma causa necessária do capitalismo. Eis a colocação de Weber em *A Ética Protestante e o Espírito do Capitalismo:*

> No entanto, o Ocidente desenvolveu o capitalismo tanto na quantidade como nos tipos, formas e direções, nunca antes observados. Em todo o mundo tem havido comerciantes – atacadistas e varejistas, negociantes locais e ligados ao comércio exterior, onde existiem moedas financeiras de instituições públicas e também a figura do agiota –, isto na Babilônia, na Grécia, na Índia, na China, em Roma. Eles financiaram guerras e piratarias, contratos e construções de toda espécie. Na política de ultramar, atuaram como empreendedores coloniais, fazendeiros com escravos ou mão-de-obra direta ou indiretamente escravizada [...]. (Introdução, p.10).

Com seu interesse nas relações entre capitalismo e protestantismo, Weber irá ampliar o *objeto* de suas pesquisas com uma sociologia comparativa do capitalismo e uma sociologia da religião. A extensão de suas pesquisas chegou ao hinduísmo, judaísmo e budismo. A conclusão aparecerá numa publicação póstuma entre 1920 e 1921, com o título *Estudos reunidos sobre a sociologia das religiões*.

Weber define a sociologia como "uma ciência que aspira à compreensão interpretativa da ação social para obter a explicação causal de seu curso e seus efeitos" (Campbell, p. 200). Assim, o objeto da sociologia é o sentido da ação humana. Há nisso um compromisso positivista, preocupando-se pelas generalizações causais. Contudo, Weber não acredita que o cientista social tenha de abster-se do compromisso moral e político fora de seu trabalho acadêmico (id., p. 201).

A tentativa de Weber, ao assinalar o desenvolvimento do capitalismo moderno por meio da influência das idéias religiosas, de sua reflexão do processo de tornar rotineiro o **carisma,** sua preocupação pelo tipo ideal da organização burocrática racional – que é a característica dos estados modernos – prova todo o compromisso que tem com os valores do capitalismo industrial (Campbell, 216).

> No título desse estudo é usada a expressão pretensiosa "o espírito do capitalismo". O que se deve entender por ela? A tentativa de lhe atribuir coisa semelhante a uma definição acarreta certas dificuldades que estão na própria natureza deste tipo de investigação. (Weber, *A Ética Protestante...* II, p. 25).

O objeto da sociologia é o *sentido da ação humana*, opondo-se às interpretações que provem das leis econômicas clássicas, que para Weber são simples ideais, meios e não fins do conhecimento.

Interessado com o sentido da ação humana, constrói uma tipologia visando compreender caracteres particulares do momento e não os gerais.

Weber define dessa forma quatro tipos de ação: *ação tradicional* (orientada pelos hábitos vigentes); *ação efetiva* (orientada pelas emoções); *ação racional referente a valores* (atos realizados por convicção, fé, dever, em que a racionalidade representa o elo que liga os atos aos valores); *ação racional com relação a fins* (atos em que os meios e fins são relacionados por cálculo, em que a racionalidade funciona como ligação que reúne meios e fins).

Do ponto de vista da racionalização e da burocracia, Weber procura entender as relações entre os detentores do poder e os que a ele estão submetidos por meio das análises políticas e, de outro modo, busca analisar as técnicas administrativas do ponto de vista da instituição e da perpetuação do elo *dominação-sujeito.* Suas análises estão condicionadas pela tipologia a partir das formas que comandam a obediência e conferem legitimidade ao poder estabelecido.

Weber estabelece três tipos de dominação política: a *tradicional,* fundada na crença da santidade das tradições e na aceitação das regras para a escolha do chefe; a *carismática,* que se apóia no envolvimento dos membros do grupo e o valor pessoal de um homem (carismático), e a *dominação legal,* que tem um caráter racional baseado em leis nas quais o chefe legítimo é aquele que está conforme a lei. A dominação legal para Weber se exemplifica na *burocracia* em que o interesse se sobrepõe à racionalidade administrativa.

Seu método é uma técnica de estudo, não um dogmatismo. Neste sentido, Weber teve uma contribuição importante. Introduziu o método *interpretativo* – aplicando-o com rigor à sociologia –, no qual o sociólogo analisa as relações sociais, e a outra contribuição com a metodologia, que foi seu conceito de *pluralismo causal.* Ele complementa o seu método *compreensivo* rejeitando como insuficiente o esquema da causalidade mecânica (Julien Freund, 1980, p. 227-230). Por outro lado, no funcionalismo estrutural na sua busca por uma metodologia que obtenha o conhecimento objetivo da sociedade, descuidava de seus próprios postulados, anulando o ponto de vista do autor, particularmente a sua liberdade (Campbell, p. 226).

A concepção fenomenológica de Alfred Schutz

Se perguntarmos a uma pessoa como lhe parece uma cadeira, ela irá responder claramente que é uma cadeira ou que parece ser uma cadeira. Fomos educados a compreender o mundo em partes de determinadas maneiras que aceitamos sem discutir ou que talvez nos parecem naturais. Respondemos e abordamos o mundo com noções que recebemos no processo de socialização.

Mas a fenomenologia nos convida para *não* considerarmos como definitivas as noções recebidas, ela nos pede para questioná-las e, com isso, questionar a nossa cultura, ou seja, nosso modo de ver o mundo. Questionar a cultura não significa rejeitá-la, nós a colocamos em suspenso para repensá-la (Wolff, 1980, p. 651).

Husserl foi um especialista nesse assunto em que sua afirmação clássica era "de volta às coisas", colocando em questão nossas noções recebidas. Há uma ligação estreita entre a exigência de volta às coisas e a busca da sociologia do *verstehende,* do entendimento, como está implícito na definição de Max Weber: "A Sociologia [...] significará: uma ciência que quer compreender interpretativamente a ação social e, com isso, explicá-la causalmente no seu curso e seus efeitos" (Wolff, id., p. 653). Foi sobre a sociologia do *verstehende* dentro da sociologia que a fenomenologia marcou presença.

Alfred Schutz (1899-1959) entendeu a importância das teorias de Husserl e Weber, examinando cada uma dessas concepções. O trabalho de Schutz pode ser admitido como uma síntese de Husserl e Weber.

Após anos de estudos sobre Husserl, Schutz chegou à conclusão que Husserl não estava a par dos problemas das ciências sociais. Estudando Weber, chega também à conclusão de que Weber não aprofundava suficientemente o método e a teoria.

Para Schutz, a fenomenologia se ocupava da realidade cognitiva incorporada aos processos de experiências humanas subjetivas (Wagner, introdução, 1979, p. 15).

Segundo a teoria fenomenológica cada indivíduo constrói seu mundo. O mundo da vida é um mundo social. A visão do mundo implica a interpretação geral da comunidade entre outras comunidades humanas e Schutz enfatizou o sentido subjetivo da participação da pessoa em sua comunidade.

Resta saber como as múltiplas interpretações particulares dos que compõem a concepção do mundo convergem para uma visão comum de mundo (Wagner, id., p. 18). Schutz assim o explica:

> O mundo da minha vida diária não é de forma alguma meu mundo privado, mas é, desde o início, um mundo intersubjetivo compartilhado com meus semelhantes, vivenciado e interpretado por outros; em suma, é um mundo comum a todos nós (Schutz, I. *O Mundo das Relações Sociais,* 1979, p. 159).

O "mundo da vida", da experiência cotidiana se constitui da contínua consciência das pessoas na qual o sujeito tem de enfrentar para atingir seus objetivos. A vida cotidiana é uma direção pragmática para o futuro, implica em que os seres humanos têm interesses e, com isso, tentam alterar o mundo percebido.

O acúmulo de conhecimento que o indivíduo possui pressupõe capacidade e habilidade de pensar o mundo como uma construção de tipo de coisas, logo o homem é um ser social, pois a consciência da vida cotidiana é uma consciência social (Campbell, p. 234).

Aqui colocamos alguns elementos sobre fenomenologia e a figura de Schutz na sua "contribuição para a compreensão das bases da indagação científico-social. Ele mostrou de forma convincente a natureza elíptica dos 'conceitos básicos' de Weber de sociologia, bem como demonstrou, embora mais implicitamente do que explicitamente, nossa ignorância, praticamente total, da natureza desses acontecimentos triviais do cotidiano, como conversar, levantar, domir..." (Wolff, op. cit., p. 677).

Como Lévinas entra pelo campo da fenomenologia, teremos a oportunidade de analisar ainda melhor essa questão como o fenômeno de alteridade e sentido de justiça.

É possível uma sociedade justa? A análise de Philippe van Parijs

Quando os interesses de diferentes pessoas se opõem entre si, o que é necessário fazer? Parece que a justiça é o modo mais adequado para dar a resposta a essa interrogação. O objeto da justiça é a extensão da ética social. E a "justiça racional depende basicamente das propriedades e dos tipos de liberdade" (Kolm, 2000, p. 12).

Com esses termos vamos examinar o que Parijs entende por uma sociedade justa. Sobre esta questão, Parijs lembra que a justiça consiste em assegurar que todos *disponham dos bens* que correspondem a seu verdadeiro interesse, e também podemos elaborar uma teoria da justiça que seja *neutra* às varias concepções particulares da vida boa (Parijs, 1997, p. 205).

A partir daí, precisamos considerar a justiça dentro de diversas maneiras, levando em consideração algumas teorias que refletem sobre isso. No primeiro caso (dispor de bens) é uma concepção *perfeccionista,* e no segundo caso (neutra) uma concepção *liberal.* Esta teria um sentido amplo que atingiria marxistas utilitaristas, passando por Hayek, Habermas e Rawls. A concepção liberal evita a hierarquização das concepções de vida em sociedade, respeitando igualmente todas as pessoas (Parijs, id., 207). Contudo, precisamos reconhecer que toda teoria liberal tem no fundo algo de individualismo, porque o bem comum, no fundo, restringe-se ao bem individual dentro da sociedade.

Parijs coloca diversos tipos de liberalismo: *o proprietarista* é um deles, em que define a sociedade justa como aquela que não permite que ninguém explore um indivíduo o que lhe é de direito. Uma das variantes libertárias do proprietarismo reside na tradição libertariana de Thomas Paine, na qual os recursos naturais não pertencem ao primeiro que deles se apropria, mas a todos igualmente. Então a injustiça será extorquir de um indivíduo o que lhe é devido (Parijs, id., p. 210).

As teorias liberais se preocupam, segundo os marxistas, com a distribuição, e não com a produção; com isso são incapazes de entender a natureza das mudanças. Como extensão à visão marxista temos a crítica ecológica. Em um mundo sob o efeito de pressões ecológicas, a preocupação com a justiça passa a ter, de certa forma, algum impacto quando parte de populações implicadas tentam adotar uma concepção de vida melhor, isenta da criação artificial de necessidades. Nessa situação a justiça não deve esgotar o conteúdo da ética (id., p. 222).

E Parijs termina sua obra trazendo uma advertência sobre a concepção de justiça:

> [a] presença maciça entre aqueles a quem estes recursos devem sua existência, de autores norte-americanos, como Rawls, Nozick, Dworkin ou Roemer, ou canadenses de língua inglesa, como Cohen, Gauthier ou Steiner. Ora, se há sem dúvida boas razões para que seja na América do Norte que o projeto de uma teoria liberal da justiça tenha tomado seu impulso, não há em compensação nenhuma razão para que esse projeto permaneça um apanágio de autores anglo-saxões. Minha esperança [...] é que outros, muitos outros na Europa e na América Latina, juntem-se a mim no empreendimento para o qual ele serve apenas como introdução (Parijs, ib., p. 232).

Com a apresentação resumida de algumas teorias sociais na busca de justiça, exporemos agora elementos importantes do pensamento de E. Lévinas que contribuem para a compreensão de uma sociedade mais justa, onde o indivíduo começa pelo outro na relação com o eu.

2. O enfoque lévinasiano diante do outro

O processo na compreensão da justiça: o conceito de alteridade

Lévinas foi um crítico a partir da fenomenologia, situando-se a partir de fora da ordem da teoria do conhecimento, vivendo a experiência traumática dos campos de concentração. Um sobrevivente que denunciou a violência e o ódio contra o ser humano, especialmente o anti-semitismo (Dussel, 2002, p. 363). Há na visão de Lévinas a busca da felicidade pelo desejo de justiça. O desejar é uma força criadora que supera o instinto dionisíaco, isto é, o "désir metaphysique" tende totalmente para o absolutamente outro.

A pulsão de alteridade (o "desejar metafísico") atravessa o horizonte do psiquismo e penetra na intimidade do outro, enquanto move a sair do mesmo. Assim, o que aparece em *Totalidade e Infinito* como ponto de partida é o psiquismo, que antecede ao compreender o mundo, uma pré-abertura ao mundo já como corporalidade, e se constitui como ética na experiência "face a face" com o outro a partir da responsabilidade diante de seu rosto (Dussel, id. p. 366-367). Precisamente como somos corporalidade, o rosto do carente passa a nos interpelar.

Dessa maneira, a razão e a linguagem emergem da relação face a face e nos colocam na situação de comprometimento com o estrangeiro, a viúva, o órfão, ou seja, nos tornam responsável pelo outro. O núcleo como ponto de partida é sempre a subjetividade, é em seu último conteúdo sensibilidade expressa no sofrimento. "A passividade do sofrimento é mais profundamente passiva que a receptividade de nossos sentidos, que já é atividade de acolhimento, que logo se faz percepção" (EN, p. 129). Daí a necessidade da linguagem.

Lévinas quer desenvolver um pensamento novo, dialógico: "La vie consciente se déroule dans le temps immanent qui et bien different du temps cosmique, du temps de la nature" (Lévinas, 1994, p. 65).

Essa via consciente nos permite que retomemos o sentido da reconstrução da subjetividade, necessária para estabelecer contato com o outro numa nova realidade conscientizadora e justa.

Qual é o sentido da subjetividade que conflui com a alteridade, implicando atitudes éticas e uma nova intersubjetividade? (Pelizzoli, 2002, p. 12). Essa interrogação nos remete, como dissemos antes, à reconstrução da subjetividade e à instauração do sentido da alteridade como ética, no primado do outro como Rosto (id., p. 12). Assim, a obra *Totalidade e Infinito* (TI) aparece como uma necessidade para compreender o processo que nos leva à justiça, identificando primeiramente relações injustas e de marca histórica.

A obra de Lévinas parte de três fontes principais: a tradição bíblico-talmúdica, o método fenomenológico e a Terceira Guerra Mundial.

A temática da justiça emergiu progressivamente na obra de Lévinas, justamente por meio de sua vida pessoal e reflexiva diante das atrocidades nazistas e colocada num artigo de 1954, com o tema "Le moi et la totalite", prosseguindo numa linha de caráter ético individual e justiça na sociedade. Esse desenvolvimento nos leva à sua obra maior e fundamental que é *Totalidade e Infinito*, que revela a partir dos anos 1970 as bases consistentes em torno da justiça, supondo uma síntese dos conteúdos do período anterior que estavam ligados a Heidegger e Husserl. Sofrerá Lévinas a influência de Franz Rosenzweig (1886-1929) pelo menos no aspecto da dialógica e da alteridade; nisso vai estruturando a noção de justiça unida à réplica global da ontologia ocidental, que já denotava injustiça contra a alteridade.

No primeiro período dos seus escritos, desenvolverá duas formas de entender a justiça: a) "a idéia íntima de justiça" e b) "justiça autêntica" ou justiça propriamente dita, trabalhada posteriormente no escrito "De outro modo de ser ou mais além da essência".

Outra fonte do seu pensamento, e que marca uma divisão com o primeiro Lévinas, está na Segunda Guerra Mundial, em que viveu nos campos de concentração na Alemanha, isto o leva à reflexão, que tem como primazia a ética sobre a ontologia.

Na obra *Existência ao Existente*, de 1947, diferentemente de Heidegger e Sartre, Lévinas enfatiza a existência humana como absurdo de existir numa realidade monótona sem sentido. Resta uma saída: descobrir o outro em sua alteridade, ou seja, a superação do niilismo é a ética: ocupar-se do outro.

A partir disso, aparece já uma distância com Heidegger, pois em *Ser e tempo* o que definia a realidade é o homem como um ser-para-a-morte; com Lévinas, pelo contrário, o que representa a humanidade do homem é o cuidado pela morte do outro, a presença traumática de ter visto morrer os outros. Assim, sair de si é ocupar-se do outro. Vejamos:

> Contrariamente aos filósofos da existência, não vamos fundar a relação com o ente considerado no seu ser, e neste sentido absolutamente exterior, isto é, metafísico sobre o estar no mundo, sobre o cuidado e o fazer do Dasein heideggeriano. O fazer, ou seja, o trabalho, supõe já a relação com o transcendente (TI. A1, 2000, p. 95).

Nessa situação coloca-se uma questão que é a oposição entre ser pensante e ser vivo. O ser vivo desconhece o mundo exterior e a sociedade pela ausência de pensamento: a única sensibilidade é a consciência de ser vivo. O pensamento emerge quando este toma consciência de si e da exterioridade. Este ser consciente de uma natureza fora de si, que por vezes é para si e em outras não, é assimilável, é o que constitui o trabalho para Lévinas. Pelo trabalho e pela vontade o homem se situa no mundo. Diz Lévinas: "O trabalho na sua intenção primeira é a aquisição, o movimento para si. Não é uma transcendência. O trabalho harmoniza-se com os elementos aos quais arrebata as coisas" (TI.D, 2000, p. 142).

Vivendo entre participar e não participar na sociedade, vivemos a experiência da inocência ou da culpabilidade, movendo-nos entre a dominação sobre os outros ou a traição de nós mesmos. Nossa relação com a sociedade, "a relação do eu com a totalidade é uma relação com os seres humanos cujo rosto reconheço. Frente a eles sou culpado ou inocente. Assim, a condição do pensamento é uma consciência moral" (Entre Nós: 1997, p. 39). Lévinas afirmará que a sociedade ou a totalidade não é ambiente humano, mas o "rosto", porque a sociedade se compõe de seres que falam, por isso ser humano é pensar, não somente estar vivo, e pensar é admitir uma liberdade análoga e exterior à minha.

> A sociedade não decorre da contemplação do verdadeiro, a relação com outrem nosso mestre torna possível a verdade. A verdade liga-se assim à relação social, que é justiça. A justiça consiste em reconhecer em outrem o meu mestre. A igualdade entre pessoas nada significa por si mesma. Tem um sentido econômico e supõe o dinheiro e assenta já na justiça, que bem ordenada começa por outrem (TI.B4, 2000, p. 58-59).

Verdadeiramente, a sociedade autêntica é aquela que não escolhemos, mas estamos situados nela e padecemos as configurações que ela possui. Essa sociedade é uma relação de eu e tu (como tinha já colocado M. Buber). Reconhecer a culpa ante o tu pode implicar num ofender a um ele. Contudo, o perdão está além do justo e do injusto. E Lévinas enfatiza que "somente a justiça satisfaz o desejo de pureza" da subjetividade humana (EN, p. 46). É a justiça social que objetivará sempre ser "econômica" e se estabelecer no diálogo, e "a pobreza é um dos perigos que a liberdade do homem corre, ao romper com a condição animal e vegetal. O essencial da necessidade está nessa ruptura, apesar do risco" (TI. A4, 2000, p. 101).

Notamos, até aqui, como Lévinas instaura um novo humanismo antropológico dentro do campo da ética. Lévinas é um pensador que vai além da subjetividade e da egologia ao reconhecer a alteridade. Fiel à hermenêutica do seu pensamento, faz filosofia grega, mas utiliza modelos da tradição bíblico-talmúdica, como o pobre, o estrangeiro, em que expressa a impossibilidade de compreender a alteridade do outro dentro do *logos* grego (Sidekum, 2002, p. 147-148). Dessa maneira, Lévinas vai, além do pensamento de Buber em sua dialógica eu-tu, à relação de justiça como forma manifesta de reconhecimento do outro.

A subjetividade vai além da experiência da ipseidade, portanto a condição da subjetividade se torna possível por meio da relação com o outro (Sidekum, id., p. 149), relação na história na manifestação através do seu rosto, em que o olhar é uma interpelação de justiça.

Mas como se coloca essa justiça? A vida humana para Lévinas é experiência ética, por isso começa sua reflexão, partindo da intuição fenomenológica existencial, numa abertura do ser-com-o-outro e para-o-outro, tendendo para experiência originária da ética, ou seja, "A ética, já por si mesma, é uma ótica" (TI., p. 16).

O primeiro ato moral é a alimentação; quem se alimenta, recebe da bondade do outro o alimento; a experiência da satisfação das necessidades é a experiência ética do ser humano (Sidekum, p. 151-152), e Lévinas o considera fundamental, ou seja, deixa claro como se coloca a justiça no sentido do "humanismo do outro homem", em que todo amor deve converter-se em juízo e justiça:

> Que o diálogo seja chamado a exercer papel privilegiado na obra da justiça social, acabei, em certo sentir, de afirmá-lo, mas ele não pode assemelhar-se à sociedade íntima, e não é a emoção do amor que o constitui (EN, p. 46).

Esse diálogo assume a tarefa do relacionamento humano com o outro e, mais ainda, estabelece laços que permitem conduzir a justiça social entre as pessoas. Vivendo a tensão entre participar ou não da sociedade, vivemos a experiência da inocência e da culpa, um caminho de meandros no qual nos movimentamos entre a dominação sobre os outros e a traição de nós mesmos. Mas o perdão legítimo só se pode realizar numa sociedade de pessoas presentes uns aos outros, uma sociedade "íntima" (EN, p. 41), ou seja, entre nós, que preservamos a sociedade. A sociedade íntima torna possível o perdão. E Lévinas enfatiza: "A violência na sociedade íntima ofende, mas não fere. Está além ou aquém da justiça e da injustiça" (EN, p. 42).

A sociedade "autêntica" não é aquela que escolhemos, mas nela estamos situados. Ninguém nos pode absolver da culpa, porque sociedades autênticas não pertencem à ordem do perdão, pois, segundo Lévinas, a culpabilidade social não pode lavar-se com uma boa consciência envolvida pela caridade.

Enrique Dussel, comentador e crítico de Lévinas, a respeito da ética da libertação assim se manifesta:

> Marx mostra que, depois de várias rotações, todo o capital é mais-valia acumulada. Da mesma maneira Lévinas quer mostrar que todo o horizonte da "verdade", "a ordem do saber", a começar pelo "mundo" de Heidegger (a ciência... a filosofia) e as instituições de todos os sistemas históricos foram (e continuam sendo) em sua origem éticos; resposta de uma busca de solução a um "problema" colocado pela dor injusta sofrida pela vítima, dor pela qual sou (somos) desde sempre *responsáveis* a priori. De maneira que devemos dar um último passo; na diacronia da ética é preciso redefinir a própria filosofia (EL, 2002, p. 372).

Nesse sentido a filosofia deve estar à serviço da justiça, justificando ou criticando as leis do ser e da cidade, tematizando a diferença com alternativas que superem a ontologicidade histórica.

Assim sendo a relação com o outro é relação primordial do homem, anterior à relação ontológica. O encontro com o outro se dá no face a face, cuja experiência vivenciamos no cotidiano das relações sociais.

A visão globalizante resulta de um ato teórico, entretanto a relação face a face é anterior à teoria, então o enquadramento nos moldes da totalidade não é para Lévinas o caminho correto para entender a situação (Jussemar, 1995, p. 73).

Em *Totalidade e Infinito*, a análise da linguagem que está presente inscreve-se na distinção entre tematização e comunicação, ou seja, a linguagem articula um "falar de" e um "falar".

No "falar de" a linguagem identifica fenômenos e coisas e o "falar" diz que qualquer que seja o conteúdo transmitido na linguagem, ele é endereçado a outrem. A linguagem determina o referencial ao outro de toda a subjetividade. Falar supõe a confissão da alteridade do outro (id., p. 73-74): "Lévinas insiste na situação reveladora do outro, contrapondo ao caráter desvelador característico das ciências. Na linguagem, o outro liberta-se de toda a forma, significa por si, na nudez do seu rosto" (Jussemar, id., p. 75).

O que queremos dizer então é que a partir do rosto, como fundamento em que o sentido se dá, aparece nessa experiência entre pessoas *o significado da justiça*, dessa interação comunicativa reveladora, portadora de sentido, o humano é mais humano, mais compreensão, mais significado, mais existência, enfim, a exterioridade enquanto alteridade sob a forma primária e sensível do olhar, do absolutamente outro.

Como bem coloca Ricardo Tim de Souza (1995), a justiça para com o absolutamente outro não é uma questão de justiça para com os iguais, de mesmo porte, mas sim o reconhecimento fático da assimetria original. Logo toda figuração desta expressão na justiça positiva chega demasiadamente tarde, é des-figuração imposta pelo aparelho jurídico todo-poderoso ao fraco violentado em sua diferença. A expressão do outro é ser propriamente dito.

A justiça positivada é a totalização, o flagrante da exploração do homem e da natureza pelo homem nos locais onde se criam mecanismos para evitar os abusos desta mesma exploração e "... a percepção do núcleo de uma nova antropologia, na qual a dignidade do pequeno e do fraco não esteja presente por uma concessão especial da 'justiça', e sim que seja a base absoluta da justiça. O paradoxo de uma antropologia não-cognoscente" (Tim de Souza, 1995, p. 117).

A justiça é antes relação da vivência interpessoal, porque o homem é fundamentalmente um ser-para-o-outro no mundo (Sidekum, op. cit., p. 138). Mundo tecido pela compreensão e solidariedade em que se instaura em função da consciência, ação e compromisso. Modelos econômicos globalizados nem sempre refletem a diversidade e a particularidade das regiões mais pobres, por isso em princípio são questionados em decorrência da divisão de fronteiras do capitalismo central e periférico. Ir à pessoa mesma, superando absolutismos, estar junto a, estar com o outro, é a estruturação permanente da justiça, pois aí está o rosto, o diálogo, o entendimento.

Conclusão

Não será um despropósito dizer que há injustiça no mundo, neste sentido o nosso propósito foi perseguir ao longo da história das idéias e práticas as diversas facetas da justiça implicada nas teorias sociais e no pensamento de Lévinas, motivo especial de análise de alguns tópicos do seu vasto escrito ao longo dos anos.

Abordar o tema da justiça requer certo estado de paciência e pesquisa que caminha metodicamente por campos complexos da Antigüidade e do mundo moderno, encontrando-nos com Aristóteles e com sua visão de breve mas significativa e fundante de "philia", que nos leva necessariamente à amizade, à harmonia e à justiça.

Com Marx nos damos conta que conflito e poder são conceitos que retirados da prática nos coloca frente a frente com o capitalismo e suas raízes históricas injustas ao longo do tempo.

Durkheim, em sua formulação de "estrutura e função", revela os aspectos científicos e de organização nos vários planos da vida dentro do sistema do capitalismo, tentando harmonizar as várias funções e interesses da estrutura social e tornando possível de forma prática e racional a possibilidade de justiça. Já Max Weber em sua abordagem da burocracia social, deixa possibilidades de entender os papéis humanos e como articulá-los e dar-lhe um resultado humanista.

Assim com outros pensadores, tentamos perceber a continuidade das propostas no campo da justiça social em que emergem problemas, conflitos e soluções não totalizantes, mas exeqüíveis e pertinentes numa sociedade complexa em nível local e mundial.

Examinamos as propostas de E. Lévinas em relação ao eu e o outro, a ética e a justiça possível diante do excluído, do pobre, daquele que está na exterioridade da totalidade. O padecimento na guerra, a absolutização do eu fechado e a ontologia são trabalhados por Lévinas numa espécie de desconstrução, revelando o lado do rosto, da comunicação, do falar do outro, da solidariedade, da compreensão, de um novo sentido do existir com justiça como necessidade e direito.

Referências bibliográficas

ARISTÓTELES. "Ética Nicomaquea." In: *Obras*. Madrid: Aguilar, 1982.

______. "Constitución de Atenas." In: *Obras*. Madrid: Aguilar, 1982.

BOBBIO, Norberto. *Direita e Esquerda – Razões e significados de uma distinção política.* São Paulo: Unesp,1995.

BUBER, Martin: *Sobre Comunidade.* São Paulo: Perspectiva, 1987.

Cadernos Da Fafimc, n.13:01-74./especial/1995.

CAMPBELL, Tom. *Siete Teorias de la Sociedad.* Madrid: Catedra, 1994.

CASALONE, Carlo. *Etica e Filosofia no Pensamento Pós-moderno. Revista Nova Síntese*, Belo Horizonte, v. 20, n. 62, jul./ago., 1993, p. 341-354.

DURKHEIM, E. *As Regras do Método Sociológico.* São Paulo: Martins Fontes, 2001.

DUSSEL, Enrique. *Filosofia da Libertação – Critica à ideologia da exclusão*. São Paulo: Paulus, 1995.

______. *Etica da Libertação – Na idade da globalização e da exclusão.* 2ª ed., Petrópolis Vozes, 2002.

HABERMAS, Jurgen. *A inclusão do outro.* São Paulo: Loyola, 2002.

HOBBES, T. *Leviatãn.* São Paulo: Abril, 1974. (Coleção os Pensadores Vol. XIV).

KOLME, Serge-Cristophe. *Teorias Modernas da Justiça.* São Paulo: Martins Fontes, 2000.

LÉVINAS, Emmanuel. *En découvrant l'existence avec Husserl et Heidegger*. Paris: J. Vrin, 1994.

______. *Theorie de l'intuition dans la phenomenology de Husserl.* Paris: J. Vrin, 1994.

______. *Humanismo do Outro Homem.* Petrópolis: Vozes, 1993.

______. *Totalidade e Infinito.* Lisboa: Edições 70, 1993.

______. *Entre Nós – Ensaio Sobre a Alteridade.* Petrópolis: Vozes, 1997.

MARX, K.; ENGELS, F. *Manifesto Comunista.* Rio de Janeiro: Garamond, 1998.

PARIJS, Philippe van. *O que é uma Sociedade Justa.* São Paulo: Ática, 1997.

PELIZOLI, Marcelo Luís. *Lévinas – a reconstrução da subjetividade.* Porto Alegre: Edipucs.

SCHUTZ, A. *Fenomenologia e Relações Sociais.* RJ: Zahar, 1979.

SIDEKUM, Antônio. *Ética e Alteridade* – a subjetividade ferida. S.Leopoldo: Unisinos, 2002.

SILVA, Jusemar da. *A Relação Face a Face como Linguagem Ética* em Emmanuel Lévinas. *Cadernos da Fafimc,* Viamão, n. 13, p. 73-76, Especial, 1995.

SMITH, A. *A Riqueza das Nações.* São Paulo: Abril, 1983, (Coleção os Economistas).

SOUZA, Ricardo Timm de. *Traumatismo e Infinito – Esboço de uma metafenomenologia do infinito ético. Cadernos da Fafimc,* Viamão, n. 13, Especial, 1995, p. 101-120. 1995.

Temas Fundamentais de Fenomenologia – Centro de Estudos Fenomenológicos de São Paulo: Moraes, 1984.

WEBER, M. *Metodologia das Ciências Sociais.* 3ª ed. São Paulo: Cortez, 2001.

______. *A Ética Protestante e o Espírito do Capitalismo.* São Paulo: Centauro, 2001.

4

A TECNOLOGIA E A CRISE DA CIVILIZAÇÃO

Joaquim Domingues[1]

Tornou-se um lugar comum qualificar como crítico ou de crise o tempo que vivemos. Impõe-se, assim, pensar tal noção, de modo a evitar os equívocos que, por via de regra, se insinuam nos lugares comuns e, do mesmo passo, apurar a parcela de verdade que, por certo, há de conter também. Com a ousadia de quem, consciente dos seus limites, escreve para aprender, de acordo com o preceito magistral de Álvaro Ribeiro.

Crise significa, em primeira instância, rompimento, ruptura, separação, pelo que se trata de um qualificativo aplicável ao movimento. Com efeito, onde não há movimento mal se compreende o uso do termo, habitual nos domínios da história, tanto das sociedades como dos indivíduos. Dizemos que há crise sempre que surge um fator de descontinuidade temporal, do qual resulta a interrupção, não do movimento,

[1] Autor portuense, é pesquisador da tradição filosófica portuguesa e também diretor da revista Teoremas de Filosofia.

propriamente dito, mas do seu ritmo até aí, doravante substituído por outro.

Vêm-nos à mente, a propósito, três títulos característicos de mudanças desse tipo que marcaram a sociedade portuguesa nos últimos séculos. Refiro-me ao clássico *Ensaio sobre a Crise Mental do Século XVIII* (1929), de Hernâni Cidade, sobre a fase que marca o início do ciclo mental em que ainda vivemos; o menos conhecido volume de Silva Cordeiro sobre *A Crise em seus Aspectos Morais* (1896, reeditado em 1999), em torno da emergência do economicismo na vida portuguesa dos finais do século XIX, na seqüência do liberalismo político e do romantismo literário; e, mais próxima de nós e do nosso tema, a reflexão de Vitorino Nemésio sibilinamente intitulada *Era do Átomo. Crise do Homem* (1976). Crises de que, afinal, só podemos falar porque assinalam transições, alterações, descontinuidades no movimento de algo que, no essencial, permanece.

Se a referência às crises do passado tem um efeito apaziguador, pela reiteração do tema que, de tão repetido, perde o seu potencial catastrófico, nem por isso nos aquieta de todo, já que não nos dispensa de enfrentar os desafios do presente. Até porque, para além da banal constatação de que nem todas as crises são iguais, nos assalta a angustiosa noção de uma aceleração do ritmo a que elas se sucedem, que mal deixa lugar para as fases de estabilidade, ao menos relativa. É possível que vivemos uma situação de crise permanente, quase de estabilização na crise, sem termos de comparação no passado, a não ser, talvez, com a fase final do Império Romano do Ocidente e a subseqüente estruturação da Europa Medieval.

Estas considerações, no entanto, correm o risco de deslocar a reflexão para o sedutor domínio da teoria da história, fora do âmbito do nosso propósito. Aceitemos, pois, sem mais discussão, vivermos uma fase crítica da história da humanidade e, em particular, da sociedade portuguesa que, nas últimas gerações, viu alterar-se radicalmente o quadro das referências em que as anteriores tinham vivido. Crise comum, aliás, ainda que em graus diferentes, aos outros países de língua e formação lusíada, cuja cultura, no arguto juízo de Gilberto Freyre, já em 1940, ou seja, desde os inícios da Segunda Guerra Mundial, podia-se considerar ameaçada.

O acerto do alerta de Gilberto Freyre pode ter-se por confirmado hoje, diante do enfraquecimento dos laços entre os países de cultura lusófona em favor de novas aproximações. De Portugal em direção à Europa Central, do Brasil em relação às Américas e às médias potências mundiais, dos novos países africanos em função dos blocos regionais. Movimento de dispersão, que cremos conjuntural, resultante de uma crise interna daquela cultura que, tendo assumido caráter lusotropical, veio a recuar perante a ação conjugada de poderes adversos, para os quais o seu caráter universalista, de feição cristã e franciscana, representava um óbice aos projetos de domínio, que tanto dão pelo nome de internacionalismo como de globalização.

Foram os portugueses advertidos, em tempo oportuno, de que a importação dos artefatos técnicos, quando não subordinada aos objetivos próprios de quem se rege por um pensamento autônomo, implica o risco da invasão de valores, de formas de pensamento e de práticas hostis à nossa idiossincrasia. Nessa conformidade, a nossa vida coletiva foi sendo progressivamente controlada por gerações de técnicos cuja formação e cujas referências ou modelos se têm de procurar naquelas culturas adversas que protagonizaram os tempos modernos, em orientação divergente e mesmo oposta à que presidiu ao processo da expansão lusíada. Esta constatação que, de tão evidente, dispensa prova – basta atentar, por exemplo, na redução corrente das questões de ordem política, social e cultural a simples problemas jurídicos ou econômicos – não implica, necessariamente, juízo negativo acerca da técnica ou das técnicas, consideradas em si mesmas, mas tão-só em razão dos pressupostos e, sobretudo, das finalidades para que são usadas.

A verdade é que os portugueses usaram com êxito técnicas criadas por outros povos e civilizações ou as inventaram, quando necessário, para alcançar as metas que se propuseram nos séculos quinze e dezesseis. Atitude inversa à do recurso passivo a inventos que, adaptados pelo prestígio de que os revestem os seus criadores, já não servem uma finalidade ativamente procurada por quem deixou de acreditar nos próprios valores. É o que sucede desde há muito entre nós, num contexto em que a relação dos portugueses com a Pátria sofreu uma erosão de tal ordem que se diria análoga à de um Grego contemporâneo em face da Hélada clássica.

A analogia não é de todo irrelevante, pois, para além do paralelo entre dois povos que imprimiram novo impulso e novo rumo à aventura humana, temos presentes as teses de Evanghélos Moutsopoulos, filósofo grego contemporâneo, postas ao alcance dos lusofalantes pela filósofa brasileira Constança Marcondes Cesar, atenta aos fenômenos espirituais mais delicados.

Pensador da crise, Evanghélos Moutsopoulos justifica a esperança na reintegração do que de essencial define uma cultura, não obstante as mudanças mais ou menos prolongadas e profundas por ela experimentadas. Tudo está em achar o tempo oportuno, o momento crucial em que convergem os esforços humanos e os superiores desígnios que presidem a história; como sempre defenderam os melhores representantes de um povo que acredita na providência, professa o messianismo e espera a reintegração universal.

Ora, o tempo oportuno acontece quando menos se espera, razão pela qual é sempre o momento azado para o esperar e o preparar. Tanto mais quanto a presente crise porventura assinala a vinda de outro tempo mais conforme à nossa esperança. Daí que, compreensível, embora seja de impugnar o pessimismo que, em termos de necessidade mais ou menos inevitável, se queira deduzir do domínio que a técnica hoje exerce sobre o nosso viver e pensar.

O tópico é tanto mais pertinente quanto é certo que aquelas culturas em que um forte incremento da investigação aplicada – mormente à produção industrial – gerou um poderio econômico, militar e político que justifica designar-se o século como o da técnica – parecem aproximar-se agora de um limite. Em vez dos grandes conflitos do século XX – centrados na luta pelo predomínio mundial dos povos de cultura européia com maior capacidade técnica, econômica e militar – caminha-se atualmente para formas de conflitualidade internacional, cujos motivos, argumentos e fronteiras são, precisamente, de raiz cultural ou civilizacional, com suas vertentes religiosas. Como tem explicado o Prof. Vamireh Chacon, do Instituto de Ciências Políticas da Universidade de Brasília, a constituição de blocos políticos em função das afinidades culturais profundas é uma tendência real, consistente e perdurável no horizonte atual.

A par desse processo, cujos sintomas avultam ao observador atento, somos ainda testemunhas de uma mudança qualitativa no plano técnico-científico com a entrada na era da tecnologia. O termo, que a generalidade dos dicionários ainda considera equivalente à técnica ou relativo a uma reflexão sobre ela, tem passado a designar, de forma cada vez mais nítida, a nova fase do progresso técnico, cuja diferença específica consiste no recurso à inteligência artificial. A questão está, portanto, em saber que repercussões são de esperar de tais mudanças na ordem do tempo concreto em que vivemos.

A meu ver, a dificuldade de aclimar entre nós os padrões técnicos da sociedade industrial explica-se pelo que eles implicam de violência exercida sobre a natureza, reduzida a "coisa" inerte, submetida a todos os processos de transformação, de alteração e degradação que as leis naturais permitem e a acumulação de energia viabiliza. Esse binômio da força e da matéria, transferido da natureza para o homem, está igualmente na origem das técnicas de controle individual e social que, não obstante as múltiplas denúncias, se vão refinando e alastrando por via da massificação social. Não falta, pois, quem anteveja, na passagem para a era tecnológica, uma queda em abismo do processo de degradação das relações humanas e das relações do homem com o mundo em que vive.

A remota origem sagrada de algumas soluções técnicas, mais tarde postas ao alcance do vulgo, milita porém a favor da tese de que, apesar de não ser inteiramente neutra, a técnica também não é de sua natureza condenável. Pode alegar-se, no entanto, que o seu desenvolvimento segundo uma lógica mais do que profana – profanadora do homem e da natureza – a tornou realmente inutilizável para fins superiores. Objeção que facilmente se estende à condenação também da tecnologia.

Ao admitirmos que esta se distingue pelo recurso à inteligência artificial, teremos de reconhecer que há aí uma mudança de plano, visto a técnica recorrer essencialmente às leis físico-químicas. Em vez de substituir os movimentos naturais por movimentos violentos – para usar a terminologia aristotélica, neste caso adequada –, a tecnologia busca adequar os movimentos naturais a processos inteligentes. De modo que, sem iludir o que há de equívoco em certas expressões tornadas correntes, impõe-se reconhecer que o trânsito entre um procedimento e o outro corresponde a um progresso na sutilização das relações.

A própria noção da matéria, tal como se apresenta num e no outro caso, é assaz diferente. A escolha do combustível para um motor de explosão, por exemplo, é feita em função do rendimento energético, do preço de mercado e porventura dos efeitos poluentes, já que, no essencial, é indiferente o uso deste ou daquele. A arquitetura de um computador, contudo, depende de especificações para as quais é muito menos indiferente a matéria-prima utilizada, por via de regra escolhida em função de critérios muito mais complexos, exigentes e sutis, pois a possibilidade de integrá-la num procedimento "inteligente" depende da sua estrutura molecular ou atômica.

É evidente que o mais comum dos automóveis é um produto da inteligência humana; só que, em termos comparativos, há uma distância quase abismal entre o que ele incorpora dessa inteligência e a brutal agressão à natureza necessária para a sua fabricação e manutenção, em relação ao que se passa com um vulgar computador. De um artefato a outro, transitamos do movimento mecânico ou da reação química ao plano de uma materialidade rarefeita, em que a circulação de informação, através de impulsos eletromagnéticos, aproxima-se dos movimentos sutis. De modo que, por mais grosseiro que seja ainda o computador, ele vale já como sinal e efetivo testemunho de uma fase nova da vida do homem e da sua relação com a natureza.

Isso de modo algum impede que, em virtude da sua própria superioridade, a tecnologia possa servir de instrumento a formas de perversidade comparativamente mais graves. Trata-se, porém, de uma lei geral, aplicável a qualquer outro domínio, pois tanto mais perigoso é um conhecimento ou uma capacidade quanto mais elevado for o seu nível; de modo que um pobre diabo, comparativamente, pouco mal é capaz de fazer. Renunciar ao aperfeiçoamento das capacidades humanas pelo receio de virem a ser mal usadas ou usadas para o mal equivaleria, porém, a uma maneira de autolimitação, se não de automutilação difícil de compreender e de justificar.

A idealização das formas simples – inocentes ou felizes do passado – tende a nos fazer esquecer os aspectos negativos, as carências e os limites que, por certo, enfrentaram os nossos antepassados. Cada passo que o homem dá significa sempre um risco, um abrir de novas possibilidades, tanto positivas como negativas, entre as quais temos a responsabilidade da escolha. A espada é uma arma mortífera e, no entanto, quantas vidas terá salvo?!

Pode alegar-se ainda, como faz Vitorino Nemésio, que a multiplicação dos recursos técnicos e, sem dúvida, também dos tecnológicos arrasta ao embotamento da sensibilidade, à perda da agilidade e mesmo à incapacidade para resolver muitos problemas sem o socorro dos instrumentos que o comércio põe ao nosso alcance. Ao que podemos acrescentar a rarefação dos fenômenos de percepção extra-sensorial, testemunhados em populações e formas de vida nas quais a sua presença não se fez ainda sentir. Problema já enunciado por Platão, ao apontar os perigos decorrentes do recurso à escrita; sendo certo, no entanto, que os benefícios recebidos terão compensado amplamente os prejuízos.

Se quanto fica sumariamente enunciado apenas responsabiliza quem o subscreve, justo é reconhecer a dívida para com a tradição que continua a ser designada como a da filosofia portuguesa. Sendo certo, porém, que não me é lícito atribuir a outrem o que porventura nem todos os que se integram nessa tradição subscreveriam, importa esclarecer os pressupostos de que parti. Em suma, reduzem-se a três enunciados:

1º A realidade é movente ou está animada de movimento; noção que se não deve entender como aplicável apenas à deslocação espacial, mas a todas as formas de alteração.

2º O movimento do real, embora não linear nem uniforme, converge para a unidade, é universal; razão pela qual se pode considerar ascendente ou reintegrador do disperso.

3º A realidade é plural, nem única nem dual; a chamada matéria é um estado mais ou menos transitório no dinamismo dos seres, cujas formas decaem, materializando-se, ou se elevam, espiritualizando-se.

Assim, julgo legítimo inferir que os progressos técnicos característicos da modernidade significaram, ao menos em parte, um retrocesso, pelo acréscimo de materialização associado aos mecanismos técnicos e à produção de bens de consumo em larga escala. Os movimentos de defesa da natureza, embora de alcance muito restrito, têm valido – ao menos para denunciar as perturbações do equilíbrio e dos ciclos naturais, cuja repercussão na vida cotidiana se tornou alarmante. A saturação do ambiente com artefatos supérfluos, inúteis e mesmo nefastos, introduziu fatores que obstam à agilidade e transparência dos seres e das suas relações.

Essa face negativa do progresso técnico vai de par, no entanto, com reais benefícios que, como admitia Agostinho da Silva, significam a virtual solução para muitos problemas que, em outras épocas históricas, foram causa de sofrimento e obstáculo a elevar o esforço humano para além da luta pela sobrevivência. A passagem ao estádio tecnológico, do mesmo passo que permite ampliar essas possibilidades, poderá reduzir muitos dos inconvenientes, se é certo, como defendemos, que o grau de artifício ou de violência sobre os processos naturais pode ser significativamente amenizado. Nesse contexto, o aparecimento da tecnologia corresponderia a uma crise de sinal positivo, ao contribuir para fazer recuar uma forma de relação do homem com o mundo, cujos efeitos se têm revelado globalmente negativos.

A questão, porém, não admite solução unívoca, pois, admitido o pluralismo do real, haverá que articular os diferentes planos em que o homem evolui e, sobretudo, hierarquizá-los adequadamente. No pressuposto de que a tecnologia – tal como a técnica – é, de sua natureza, instrumental, embora não de todo neutra nos efeitos, haverá que reconhecer que o essencial se joga no plano das finalidades, dos valores, do espírito que preside ao seu uso. E, neste ponto, não faltará quem, de acordo com a linguagem bíblica, entenda que os filhos das trevas se adiantaram aos filhos da luz, apropriando-se desses recursos para disseminar os males com que intentam impugnar o real progresso humano em demanda da beleza, da verdade e do bem.

À cultura de matriz lusíada, precisamente pelas razões que explicam a dificuldade em afeiçoar-se à civilização técnica e industrial, caberá então uma especial responsabilidade na mudança do paradigma que presidiu à construção da modernidade. A mobilidade, a sutileza e a liberdade, que tanto prezamos na nossa escala de valores, poderão ajustar-se muito melhor à relativa desmaterialização implicada nos processos tecnológicos. O ponto está em que, de acordo com o diagnóstico de Gilberto Freyre, saibamos articular essas qualidades com o pendor característico de uma cultura de índole cristã, franciscana e universalista; de sua natureza integradora, adunante, à qual repugna o estreme materialismo e o espiritualismo descarnado.

Já Sampaio (Bruno) mostrara ser indispensável admitir um meio termo, uma realidade mediadora, mais sutil que a matéria e mais densa que o espírito, até para explicar certos fenômenos naturais. Aliás, as noções de materialização e de espiritualização mal se compreendem se não admitirmos esse mundo intermédio onde os gênios põem a descoberto os conhecimentos, as invenções e os segredos que depois passam ao senso comum. O que Bruno preconizou no plano teórico foi profeticamente visionado por Teixeira de Pascoaes e por Fernando Pessoa, quando anunciaram que as futuras descobertas se realizariam não já no plano onde ocorreram as dos nossos antepassados, antes porém nesse mundo sutil, de que são feitos os sonhos. Ninguém ignora que o recorrente mito do Quinto Império, incomensurável às formas de imperialismo passadas e presentes, só se torna inteligível como império do espírito, ou do Espírito Santo, em que se dissolvem os artifícios e se esbatem as fronteiras, sem anular a fraternal, a fecunda, a indefinida diversidade dos seres. No caminho para essa meta, as crises, a par de um penoso motivo de inquietação, erguem o esperançoso sinal da pétrea realidade cedendo a vez às formas mais sutis que o tempo vai revelando.

5

HUMANIDADE PRECÁRIA: O DOMÍNIO DA TÉCNICA E O PROBLEMA DA VIDA EM HEIDEGGER E FOUCAULT

Rodolfo Jacarandá[1]

Em tempos de trabalho abstrato, os efeitos das crises sucessivas do século XX que impuseram graves dúvidas a respeito da possibilidade de uma intervenção eficaz do homem no seu tempo parecem recolocar problemas sem fim para nossa capacidade de diagnóstico. Dos insucessos da via marxista aos arroubos e decepções da via média representada pela social democracia do fim do muro de Berlim, a reproposição de novos fundamentos para a ação política tornou-se a tal ponto acelerada que ameaça cair no vazio. No ápice da era tecnológica – a terceira revolução industrial, proporcionada pela informática e a microeletrônica – os desempregados aumentam, a participação eficiente dos cidadãos na vida política diminui e as barreiras do Estado se tornam cada vez

[1] Doutorando em Filosofia na Universidade Estadual de Campinas - UNICAMP.

menos importantes – apesar dos bolsões de resistência impostos por uma França que diz não ao constitucionalismo liberal europeu[2].

Uma das formas de combate mais difusas engendradas por comunidades de opositores da ordem mundial econômica, que vem desenhando-se como carro-chefe do capitalismo do século XXI, é a tentativa de descentralizar a crítica e suas ações, redirecionando esforços para os aparatos generalizados, mas espalhados pelo tecido social global que contenham quantidades representativas suficientes de poder para serem alvos disponíveis. Critica-se a globalização, por exemplo, atacando lanchonetes de franquias internacionais ou atacando de modo mais indireto o sistema por meio da crítica cultural.

Alguns bons resultados são alcançados por um motivo muito simples: modos de dominação só têm grande alcance se são capazes de alterar os estilos de vida das pessoas em níveis infinitesimais de conduta. Ou seja, alterando hábitos, costumes, interesses, influenciando e reinventando a própria subjetividade. A questão é de estratégia. A partir da proposta dos novos modelos de vida engendrados pela "new economy" (o neoliberalismo do Consenso de Washington, de 1990, da explosão da especulação financeira, desterritorialização da produção e dos lucros, do avanço do capital intelectual numa sociedade de informações etc.), novos focos de resistência se organizam para

[2] Em 29 de maio de 2005, um referendo realizado na França terminou com uma expressiva votação contra a adoção de uma Constituição Européia pelos franceses, sob a acusação geral de que o modelo proposto pela União Européia poria fim ao republicanismo e ao Estado Social modelar francês, em benefício do modelo liberal inglês.

deter o crescimento desenfreado daquilo que uma espécie de compreensão geral vê como um sistema global de dominação econômica que coloniza a vida política e cultural.

O problema é que o raciocínio é circular. A partir do modo como se desenvolve um novo sistema de gerenciamento da vida coletiva, estratégias de luta são traçadas para combater os simulacros desse sistema. O risco é a captura da própria capacidade de luta pelo sistema, o que se dá de modo bastante simples, alimentando-o por meio de uma racionalidade poder-resistência que contribui para a perpetuação da lógica binária que o abastece.

Evidentemente parece absurdo tomar o esfacelamento promovido pela dispersão da vida no novo modelo global por um modelo binário, mas não é absurdo observar o quanto formas cada vez mais descentradas de capitalismo continuam provocando resultados que se parecem muito com aqueles obtidos pelos primeiros grandes movimentos industriais. Ricos ficam mais ricos, aumentando cada vez mais a desigualdade social. Há ainda outro fator, tão perigoso quanto, promovido pela capacidade que esse sistema global, baseado em um novo capitalismo, tem de ser extremamente preocupado em corresponder a ofertas de demandas culturais e, especialmente, contraculturais, já que grande parte das formas de protesto atuais utiliza os meios tecnológicos inventados por essa nova revolução industrial para se propagar.

Novas formas de rebeldia e resistência se transformam rapidamente em estilos de vida compartilhados por multidões ao redor do mundo todo, criando novas tendências que influenciam outras, injetando no sistema global uma quantidade de expectativas que, ao longo da cadeia de reações que ele representa, vão se diluindo até encontrar seu termo médio de propagação. Até assumir uma linguagem universal, adaptável, de fácil divulgação, a nova resistência tende a se transformar em fértil material de consumo. Para se comunicar é preciso adaptar-se. Quando Habermas pensa na idéia de modo a conter o potencial ofensivo da violência como forma de mediação dos conflitos utilizando a ação comunicativa, traduz também um mecanismo que filtra, por outro lado, a intensidade e o alcance da crítica social[3]. Como é mais fácil que mercados atinjam determinado nível de adaptabilidade e se desenvolvam, apesar das diferenças culturais, preservando os seus objetivos estratégicos, acabam sofrendo menos com a influência de outros sistemas.

Isso tem como conseqüência uma imensa dificuldade de alterar ou transformar a rotina do modo de produção e, mais do que isso, acaba enfraquecendo as energias destinadas à velha política como veículo de ação social. Não por parte das "elites", mas por parte daqueles que perdem a confiança no que o agir politicamente significa. Ações dispersas, que procuram adaptar-se ao modelo proposto, podem ser eficazes, mas precisam provar sua capacidade de compreender o novo solo onde se desenrolam as lutas que apontam para o século XXI. Nesse cenário se destaca o associativismo civil, que não pretende tomar o poder de Estado para amparar seu

[3] Jürgen Habermas, pensador alemão, propõe em *Direito e Democracia – entre a facticidade e a validade* uma compreensão do direito como *medium* integrador das relações sociais, amparado numa teoria do discurso que tem por maior mérito formal a capacidade racional de filtrar intervenções violentas no sistema de debates formado pela opinião pública interessada numa vida política comunitária, aos moldes de um republicanismo reinventado.

trabalho. Em parte porque o governo central dos Estados já não concentra mais poder como antes e, em outro sentido, porque os mecanismos específicos que são os Estados atuais estão atrelados a compromissos e rotinas reguladas interna ou externamente que tornam difícil uma apropriação subjetiva ou ideológica que consiga alterar sua agenda. O que pode ser visto facilmente num conjunto de sucumbências de antigos ideólogos à *razão de Estado* atual ao se tornarem governantes.

Mas a vida sem fundamento do trabalho abstrato – categoria central desse novo cosmopolitismo econômico – engana ao receber tal concentração de atenções no que diz respeito a representar um mundo tão fluido que não restariam mais alternativas clássicas para serem repensadas.

A começar pelos efeitos negativos. Transformações radicais na qualidade de vida das pessoas continuam ocorrendo, e isso significa diminuição do poder de consumo, mas também perda de direitos sociais, de crédito, de força de investimento e desenvolvimento de novas tecnologias independentes e, claro, perda de nível de satisfação e felicidade. Algo que pode ser acompanhado claramente na imensa retração da classe média na última década, além de certo aumento nos índices de miséria mundial. Além disso, é preciso notar que o trabalho no capitalismo não sendo mera coisa de pensamento, abstrai a economia do conteúdo concreto, economia esta que executa, ainda, a espremedura da energia humana. Grandes quantidades de energia continuam sendo mobilizadas para a produção e sustentação de um sistema global que tem custos altíssimos, tanto para a humanidade quanto para o meio ambiente, constrangendo novos caminhos a se apresentarem sempre como utopias não realizáveis. Trabalho continua significando emprego de energia humana, e condicionando o próprio significado da existência.

Há, portanto, uma escolha a ser feita no que tange a admitir a nova ordem com seus novos meios de luta ou convergir para a adaptação dos interesses clássicos ainda em busca das realizações de utopias, como o iluminismo, como o cosmopolitismo federativo e fraterno de Kant por exemplo, ou dos sonhos de uma liberdade natural perdida com a própria natureza que desaparece nas fronteiras cada vez mais reduzidas pela manufatura. Mas a preocupação não foi menor ao longo do século XX do que é agora. Mesmo com a aparente divisão política do mundo em duas opções gerais que monopolizavam as escolhas – o que poderia tornar a compreensão do problema mais simples e unificar a luta social global em torno da não-violência. Nesse sentido o filósofo alemão Martin Heidegger foi um dos que mais alertaram para esse fato, sublinhando a necessidade de ver nos desdobramentos da política e da economia da primeira metade do século os indicativos de uma transformação de larga escala que ainda estaria em movimento, dado que compõe um cenário que se desenrola desde a Grécia antiga.

Para Heidegger o que está em jogo é um lento e progressivo processo de apropriação da existência por um princípio que reduz as possibilidades de vida a partir dos imperativos de controle gerados pela ação da subjetividade humana que perde sua autonomia. A dubiedade dos horizontes da via pósmoderna pode ser compreendida melhor pelos desdobramentos da questão colocada por Heidegger, ao defender o tempo em que vivemos como era *técnica*, conformando a humanidade inteira num conjunto de exceções – porque constrangido na sua liberdade de pensar e ser – que se tornou viver no mundo sem a expectativa de fundar nele algo melhor, apenas reformando probabilidades limitadas e previsíveis.

Na abertura histórica que entendemos por Modernidade, e como conseqüência da onipotência da técnica, estaria um regime totalitário do homem que subjuga a natureza e a força a dar, a entregar energia, que supervisiona e organiza racionalmente, de forma sistêmica e burocrática as esferas de atividade social, criando um universo de exigências mecânicas e produtivas. O tema central desse levantamento que percorre praticamente toda a obra do segundo Heidegger, de forma mais acentuada em *Ensaios e Conferências*[4] (*Vorträge und Aufsätze*, 1954) – logo após as primeiras investigações influenciado pela obra de Ernest Jünger (*Totale Mobilmachung*, 1930, e *Der Arbeit*, 1932) –, sobretudo a partir da viragem [Kehre] dos anos trinta, é o *esquecimento do ser* [*Seinsvergessenheit*] ou o esquecimento da diferença ontológica. Heidegger indaga pela essência da técnica moderna e busca aprofundar o conhecimento sobre o vínculo que mantém o homem preso a ela. Esse estudo o levará a transitar o foco de sua abordagem sobre o Dasein, *ser-aí*, recolocando a questão do ser de um modo diferente em relação à que havia proposto em *Ser e Tempo* [*Sein und Zeit*], em 1927.

O tema da técnica aparece pela primeira vez em *Introdução à Metafísica* (*Einführung in die Metaphysik*), curso lecionado no verão de 1935 e publicado só em 1953 (Heide-

[4] No Brasil a primeira edição com os ensaios reunidos é de 2001, da Editora Vozes. O primeiro ensaio é *A questão da técnica*, fonte para as questões desenvolvidas neste texto.

gger, 1969). Para Habermas, Heidegger defende que os destinos históricos de uma cultura ou sociedade são determinados, em seus respectivos sentidos, por uma pré-compreensão coletivamente vinculante de tudo o que pode acontecer no mundo (Habermas, 2001, p. 188). No Ocidente a metafísica é o lugar onde essa pré-compreensão se articula de modo mais claro. As mudanças de compreensão do ser em cada época se espelham na história da metafísica. A metafísica é a articulação (a conformação articuladora) da história ocidental enquanto uma história do abandono do ser característico do ente que se elabora em *esquecimento*. A investigação que Heidegger irá desenvolver baseia-se no que ele chamará de ontologia histórica fundamental.

A metafísica, tida como filosofia primeira, propunha, originalmente, a pergunta pelo ser enquanto ser, por meio de um discurso sobre a essência do existente. Responsável pela indagação do ser originário, a metafísica desvia-se e passa a perguntar pelo ente enquanto ente. De acordo com Heidegger, o traço fundamental de todo pensamento metafísico é o abandono do ser característico do ente.

O filósofo italiano Gianni Vattimo (1987) recompõe os passos dessa história em *Introdução a Heidegger* e afirma que no termo grego para a palavra verdade, *a-létheia*, há um vínculo originário entre ocultamento e desocultamento, entre aquilo que aparece no projeto e aquilo que permanece obscuro. A articulação do ser com os entes, entendida como diferença ontológica. Seria esta, propõe Heidegger, a orientação do pensamento de Pitágoras, Heráclito e Parmênides, por exemplo. À medida que o pensamento grego aproxima o conceito de verdade com a conformidade da proposição com aquilo que aparece, dá-se uma sobreposição do que é efetivamente presente em detrimento daquilo que não pode ser medido, do que está obscuro. Essa mudança começa a ocorrer com Platão, acentua-se com Aristóteles, atravessa toda a Idade Média e encontra no projeto da Modernidade uma intensificação determinante, quando a atitude voluntária consolida o esquecimento do ser [Descartes], ou seja, o destino dos entes [o conhecimento, a organização do mundo, a verdade] é imposto pela vontade humana.

O que constitui – seguindo esse raciocínio – a realidade da coisa, o seu ser, é precisamente a certeza indubitável que o *sujeito* tem e que pode adquirir dela com a aplicação rigorosa de um método. Esta atitude da vontade, que se vira para si mesma, e que se constitui no fundamento da verdade, influenciará o surgimento de todo o panorama científico na modernidade, e ainda o aparecimento dos grandes sistemas ideais, como os de Fichte e Hegel.

A técnica moderna é o estado terminal da errância metafísica fora do ser. Esse desenvolvimento filosófico corresponde a um desdobramento do modo de ser efetivo do homem no mundo; de acordo com Heidegger, a técnica dá justamente o último passo no caminho da delimitação de toda a diferença residual entre realidade verdadeira e realidade empírica. A organização total realizada pela técnica já não está apenas na teoria, mas concretiza-se efetivamente como ordem do mundo; abolida esta última diferença, fica abolida a última e pálida recordação da diferença ontológica: do ser como tal já não fica mais nada, só ficam os entes. O ser do ente é total e exclusivamente o ser imposto pela vontade do homem produtor e organizador. A metafísica cumprida é, no seu sentido mais plano, a técnica e a instrumentalização geral do mundo. À medida que tudo é conhecido e dominado, previsível e ordenado, não há mais nenhum "metá", nenhum "mais além".

Esse autoritarismo do sujeito só foi possível mediante vários desvios conjugados, mas é o princípio da identidade que mais chama a atenção de Heidegger, sobretudo por possibilitar a redução determinista do mundo dos entes a sistemas lógicos reconhecíveis mediante uma igualdade convencionada pela correspondência de proposições abstratas com objetos concretos, ou seja, tornar iguais coisas diferentes. Heidegger faz uma investida contra a filosofia da representação que culminará na rejeição de toda filosofia da identidade em termos de *reconciliação entre o conceito e a intuição*. A identidade que remonta a Parmênides guarda um sentido de comum-pertencer [*Zusammengehörigkeit*] entre homem e ser, sentido esse que é por nós ignorado *enquanto tudo representarmos em seqüências e mediações, seja com ou sem dialética* (Heidegger, 1973a, p. 381).

Em *O princípio da identidade* (1973a), Heidegger traduz o século XX como época técnica. O *técnico* representado no sentido mais amplo e segundo suas múltiplas manifestações é considerado como o plano que o homem projeta; *este plano finalmente o força a decidir entre tornar-se escravo de seu plano ou permanecer senhor dele*. Assim, o homem é *provocado*, quer dizer, *chamado à razão para armazenar o ente que aborda como fundo de reserva para seu planificar e calcular e a realizar esta exploração indefinidamente* (1973a, p. 382). Esse também é o tema central do estudo do fim da metafísica, que será abordado amplamente em um texto, que não foi incluído nas obras completas de Heidegger, intitulado Língua Técnica e Língua de Tradição, depositado no *Deutsches Literaturarchiv de Marbach*, fruto de uma conferência proferida a 18 de julho de 1962, em Combourg, na qual Heidegger se detém no assunto da relação entre homem e ser na era técnica (1995).

Partindo da investigação sobre qual é o caráter próprio da ciência moderna da natureza e da técnica moderna, Heidegger indaga que é necessário considerar o que a ciência da natureza tem de novo na era moderna, resposta que deve ser encontrada na questão: "Como é que a natureza deve ser projetada antecipadamente enquanto domínio da objetividade para que os processos naturais sejam calculáveis a priori?" (1995, p. 25-26). Esta questão tem dois aspectos: primeiro, uma decisão sobre a realidade da natureza, exprimível, segundo Heidegger na sentença de Max Planck – "Real [*Wirklich*] é aquilo que pode ser medido" (1995, p. 25). Só aquilo que é calculável vale como ente. O segundo aspecto diz respeito ao primado do método, quer dizer, pelo projeto matemático da natureza que se cumpre na física teórica e pelo questionamento experimental da natureza que corresponde a esse projeto, a natureza é *provocada* a dar respostas *segundo relações determinadas*; é, por assim dizer, "obrigada a falar" [*zur Rede gestellt*] (1995, p. 25). A natureza é obrigada a manifestar-se numa objetividade calculável. "Ora, é justamente esta intimação provocante [*herausfordenes Stellen*] que é simultaneamente o fundamento da técnica moderna. Ela impõe à natureza a exigência de fornecer energia" (1995, p. 26).

A ciência da natureza não é a base da técnica, propõe Heidegger, mas a técnica moderna seria a estrutura fundamental de sustentação da ciência moderna da natureza, e a origem comum entre uma e outra estaria naquilo que ele chama de *intimação provocante*. Seria esta uma atividade do homem como representação e produção relativamente à natureza, mas que também pode e adquire uma outra feição, que é justamente baseada no caráter irresistível do seu domínio ilimitado (domínio da técnica). O homem ignora que se exprime na técnica algo de que ele não pode fugir. "O próprio homem é intimado, é submetido à exigência de corresponder a esta exigência, a de provocar a natureza a fornecer sua energia" (1995, p. 29). Heidegger afirma ainda que não é próprio da essência da técnica moderna ser controlável em plenitude pelo homem. Esta exigência é mais poderosa que toda a determinação dos fins pelos homens. "O que a técnica moderna tem de essencial não é uma fabricação puramente humana" (1995, p. 29).

> O grito de alarme, lançado freqüentemente até a pouco, a saber, que o percurso da técnica deve ser dominado, o seu ímpeto sempre mais forte para novas possibilidades de desenvolvimento submetido ao controle – este grito testemunha por si só a apreensão que se espalha. Ignora que se exprime na técnica uma exigência de que o homem não pode impedir o cumprimento, que pode ainda menos ver e dominar. Entretanto – e, sobretudo, isto é significativo –, estes gritos de alarme calam-se cada vez mais, o que não quer dizer que o homem controla seguramente a técnica. O silêncio traduz muito mais o fato de que a face à reivindicação do poder pela técnica o homem se vê reduzido à perplexidade e à impotência, quer dizer, à necessidade de se conformar, pura e simplesmente – explícita ou implicitamente –, ao caráter irresistível da

> dominação tecnológica. Quando se aceita, antes de mais, nesta submissão ao inevitável, a concepção corrente da técnica, adere-se então nos fatos ao triunfo de um processo que se reduz a preparar continuamente os meios, sem nunca se preocupar com uma determinação dos fins (Heidegger, 1995, p. 28).

Assim, a partir do primeiro esquecimento platônico desenha-se a figura da filosofia ocidental: da etapa ôntica à etapa transcendental, depois à voluntária, esta última materializando-se no desprendimento da imposição de ordem ao mundo, que Heidegger traduz no termo alemão *Ge-Stell* em *Identidade e Diferença*[5] (1973). A conclusão a que Heidegger chega no ensaio sobre a técnica é a mesma já prevista em *Identidade e Diferença* [O princípio de identidade]: "O nome para todo processo de provocação que leva o homem e o ser a um confronto de natureza tal que se chamam mutuamente à razão se denomina *Ge-Stell*" (Heidegger, 1973a, p. 382), cuja melhor tradução é *dispositivo*.

O termo *Gestell*, seguindo observações de Vattimo em *As aventuras da diferença* (1989), indica o processo de manipulação, de artificialidade, de abstração destrutiva que é preciso indicar no projeto da modernidade técnica; *Ge-Stell* é o "conjunto do *stellen*", isto é, de todo aquele "pôr" em que consiste o mundo técnico: a condição em que o homem é provocado a provocar o ente para "empregos" sempre novos,

[5] O texto *Identidade e Diferença* foi publicado no Brasil a primeira vez em 1973, dividido em duas partes: *O princípio da identidade* e *A constituição onto-teo-lógica da metafísica*.

numa imposição geral do cálculo e da planificação que faz pensar, por muitas razões, no mundo "totalmente administrado", de Adorno e da Escola de Frankfurt (1989, p. 161).

A *Gestell* é a representação de uma época na qual se vive o símbolo da reproposição *ad infinitum*, quando se perde qualquer noção de fundamento [Grund] para o ser ou para as coisas. O lado trágico e o fatal da visualização sobre o ente que conflui na opressão do homem pela *Gestell* [dispositivo] e as formas sociais que ela produz tem saída. Mas, enquanto o modo de pensar do homem for ditado por uma lógica metafísica do ente que procura erigir-se pela razão como o próprio fundamento ou causa sui da diferença ontológica, o espaço de um mundo mais aberto para o pensamento será muito restrito. A questão em debate é ainda o que significa liberdade, de pensar e ser, transmutada em toda sorte de preocupações sociais e de projeto de mundo que cada época coloca como prioridade.

A abordagem de Heidegger foi de largo alcance na segunda metade do século XX. Foi inicialmente uma opção às filosofias do sujeito[6], a partir da qual foi possível repensar a sociedade mundial sem os instrumentais da filosofia política que estavam em choque após o fim da Segunda Guerra Mundial. Marxistas e liberais pouco conheciam Heidegger, que gerou adeptos que deixaram aquelas fileiras, num trabalho que polarizou a filosofia contemporânea. A Escola de Frankfurt não era tão conhecida na França do pós-guerra e demorou na verdade um bom tempo para que os teóricos crí-

[6] Habermas não pensava assim, e sua crítica a Heidegger em *O discurso filosófico da modernidade* (2000) alcançou grande repercussão, na condenação de Heidegger a continuador da tradição subjetivista.

ticos fossem conhecidos a fundo em solo francês. Quando isso aconteceu, os jovens estudantes franceses já estavam de posse de Nietzsche e Heidegger para repensar esse mundo totalmente controlado de Adorno, mas com base no pensamento crítico tendo por fundo Hegel e Marx. O caso francês simbólico é o de Michel Foucault.

Numa entrevista de 29 de maio de 1984, um mês antes de morrer, Foucault falou a André Scala, amigo de Giles Deleuze, sobre a importância da leitura de Heidegger para sua obra (Foucault, 2001a, p. 1.522)[7]. A entrevista foi publicada três dias após a morte do pensador francês e continha uma resposta reveladora. Foucault praticamente nunca citou Heidegger diretamente, nem o defendeu nem jamais se elevou em propagador da obra do alemão. Mas admitiu que para ele Heidegger sempre foi o filósofo essencial. Suas notas de leitura datam do início dos anos 1950, mais precisamente 1951 e 1952, seguidas pela descoberta de Nietzsche. Foucault afirma que sua leitura de Heidegger foi mais importante do que a leitura de Hegel ou de Marx, o que orientou todo seu trabalho filosófico futuro. Embora não conhecesse Heidegger a fundo – especialmente *Ser e Tempo* –, nem tivesse lido as publicações mais recentes sobre ele, foi um passo importante para que suas leituras de Nietzsche fizessem sentido. Apenas com Heidegger a leitura de Nietzsche formava uma parceria digna de um verdadeiro *choc philosophique* (2001a, p. 1.522).

[7] A entrevista foi publicada recentemente em português no quinto volume da tradução da obra *Ditos e Escritos*, pela Editora Forense, que reúne textos, conferências e entrevistas dispersos de Foucault, durante toda a sua vida, sob o título *O Retorno da Moral*.

Talvez o principal reflexo dessa leitura de Heidegger tenha sido a forma de abordagem antimarxista dos fenômenos sociais que Foucault sempre procurou desde os seus primeiros escritos e que foi fonte de polêmicas acirradas com alguns de seus contemporâneos, em especial, ainda na década de 1960, com Sartre. Foucault havia se tornado um destaque no meio acadêmico francês já com *História da Loucura,* de 1961, mas com a publicação de *As Palavras e as Coisas,* de 1966, ele rompe o circuito acadêmico e populariza sua influência com o esgotamento em um mês e meio da primeira edição do livro. O ano de 1966 foi bastante fértil nas ciências humanas francesas, quando Lacan, Barthes, Lévi-Strauss, Benveniste, Genette, Greimas, Doubrovsky e Todorov lançam alguns dos seus textos mais importantes. Até então o estruturalismo era percebido como um método regional, mas passa a ser percebido como movimento, embora Foucault, percebido como estruturalista, fizesse questão de se dissociar dessa filiação.

Sartre, no fascículo a ele dedicado ainda em 1966 da revista *L'arc,* ataca o estruturalismo e a tendência de Foucault (e de Althusser) a privilegiar as estruturas em detrimento da história (Foucault, 1999, p. 20)[8]. Em *As Palavras e as Coisas*, Foucault trabalhava com o que denominou de arqueologia dos saberes, que para Sartre não passava de uma geologia que substitui as transformações pelas estratificações, acusando ainda Foucault de ser a *última muralha da burguesia.* Não

[8] Informação biográfica contida na introdução do primeiro volume da coletânea *Ditos e Escritos.*

estava claro o quanto o trabalho de Foucault se diferenciava do estruturalismo e o quanto se baseava nele. Os dois livros que Foucault escreveu tentando clarear suas propostas de método, *O Nascimento da Clínica* (1963, 2004) e *A Arqueologia do Saber* (1967, 2005), não foram bem-sucedidos; não para os leitores, mas para o próprio Foucault. Foi sempre muito difícil – antes de escrever sobre Nietzsche – saber do que Foucault estava atrás ao propor uma história de fragmentos, rupturas e descontinuidades como método, sendo ao mesmo tempo uma crítica à metodologia das ciências humanas, ou seja, um antimétodo.

Junto com seu desinteresse por explicar e continuar a desenvolver as teses de *As Palavras e as Coisas,* Foucault se revestia com a descrença no estruturalismo. A descrença na produção do conhecimento como oferta de métodos tornou-se uma obsessão para ele, o que fez de seus escritos um desafio cada vez mais hermético para muitos. Isso significava que ele estava disposto a pesquisar vínculos entre determinados temas, descobrir e aprofundar não as estruturas gerais de certo processo histórico, mas as descontinuidades, as rupturas, as periferias desse processo, sem estar disposto a reunir as peças desse quebra-cabeça num todo coerente e formador de significados gerais.

Durante a década de 1960 Foucault esteve de certo modo apreensivo em busca de soluções para o problema que havia engendrado. Fazer crítica social de modo fragmentário, mas sem deixar de ser coerente, desde que coerência não significasse uma teoria geral ou global. Isso porque era preciso antes de tudo criticar as ciências, sem fugir, no entanto, aos rigores do método científico. Meticuloso, Foucault mergulhou até mesmo no estudo dos analíticos ingleses, que nunca chegou a conhecer muito bem. Interessava-o estudar os enunciados em seu funcionamento, mas não conseguiu entender com relação a que isso funcionava. Concluiu que esse era um problema com o qual eles não lidavam e seguiu em frente. Era preciso ir à direção de uma resposta sobre a possibilidade de uma intervenção política a partir de um pensamento da descontinuidade. Parte do problema que na França Foucault não conseguia clarear começou a ser resolvido, a contragosto, na Grã-Bretanha e nos países de língua inglesa de um modo geral, com a tradução para o inglês de *História da Loucura*, em 1967. Manual de *antipsiquiatria* na Inglaterra, o livro se torna uma bandeira na linha de frente de uma nova crítica institucional. Mas na França Foucault, que havia deixado a Sorbonne em 1967, ainda é eleito em 1970 para o Collège de France, e na apresentação de sua aula inaugural estabelece o roteiro de suas pesquisas para os próximos anos amparado pela genealogia de inspiração nietzscheana. Essa aproximação iria ser acentuada definitivamente com um artigo de 1971, *Nietzsche, a genalogia e a história* (Foucault, 2000a), consagrando a sua filiação ao historicismo de Nietzsche, e com Heidegger de pano de fundo.

Sem teoria geral, nem ciência do direcionamento de consciências, Foucault procura numa ontologia crítica do presente os pontos de constrangimento que funcionam como obstáculos à circulação das capacidades humanas. Por isso a atenção voltada para as instituições num primeiro momento. Seus primeiros cursos no Collège de France levaram-no à publicação de *Vigiar e Punir* (2000b), em 1974, e sua análise histórica da prisão como artefato de controle social e das diversas formas de apropriação da vida dos indivíduos por meio de mecanismos diversos que funcionariam não como braços armados de um poder central, mas de modo difuso pelo tecido social. Com *Vigiar e Punir* Foucault reinventa a análise do poder por meio de uma anatomia política que descentraliza o poder do Estado, tratando-o como o efeito de relações complexas e difusas.

O principal questionamento não respondido por Foucault era o que fazer com um tipo de poder que não tem como ser responsabilizado. Com uma série de conceitos que se tornariam célebres, como *disciplina* e *microfísica do poder*, Foucault demonstrava um liame inescapável entre as formas de conhecimento e as formas de poder que são sempre políticas, geradoras de dominação, submissão e do próprio contrato social, pressuposto classicamente como um vínculo sagrado entre seres livres e dispostos ao consenso. Mas a mais controversa das idéias defendidas em *Vigiar e Punir* – e certamente a mais incompreendida – afirmava que ao contrário do que sempre se pensou o poder era criador, construtivo em vez de destrutivo. Ou seja, todo conhecimento, todo saber gera uma quantidade de poder, e toda sociedade é perpassada por relações de poder, contra as quais é possível lutar desde que se esteja consciente de que a luta cria novos vínculos, novos domínios de poder. Assim, não existem lutas completamente libertárias.

O abandono à filosofia libertária era uma forma de se livrar da fenomenologia, que prometia um acesso às coisas mesmas, ao mundo livre de todas as cadeias e ao próprio marxismo, que vinculava esse mundo ao sonho dos trabalhadores, mas era também uma crítica pertinaz ao normativismo jurídico dominante nas ciências humanas e à tendência da psicologia a lutar contra a repressão e outras formas de obstrução da personalidade humana, enquanto construía ela mesma outra dessas cadeias. Para Foucault estava evidente que todos esses passos constroem seus domínios a partir de uma apropriação da vida, que é inevitável enquanto atividade do pensamento.

Vigiar e Punir funcionava ainda como um protesto contra as filosofias do sujeito (na esteira de Heidegger), que atribuem esse mecanismo de conhecimento e poder a uma intencionalidade oculta das ações humanas, o que lhe gerou uma acusação de tecnocratismo por colocar a culpa dessa subjugação do homem em mecanismos anônimos contra os quais não se podia lutar. Para entender bem de que lado Foucault estava nessa denúncia que seguramente havia iniciado com Adorno de modo bastante semelhante, é preciso ler *Vigiar e Punir* acompanhando *Para uma Genealogia da Moral* de Friedrich Nietzsche. É possível compreender então que não existe no percurso de Foucault, sobretudo quando ele chega a *Vigiar e Punir*, um princípio de finalidade, em que o conjunto pode estar assegurado por regras de coerência interna que possam servir de fundamento para uma nova política ou uma nova ética, e como essa atitude se insere no ativismo intelectual.

Com o ativismo no qual mergulhara após 1968 – quando criou um Grupo de Informação sobre as Prisões entre muitas outras atividades[9] – ele se engaja em lutas localizadas, que

[9] Duas biografias escritas por Didier Eribon são a via de acesso principal para conhecer um pouco mais a história do ativismo intelectual de Foucault, ambas publicadas em português. A primeira de título *Michel Foucault* (Companhia das Letras, 1990), e a segunda *Foucault e seus Contemporâneos* (Jorge

não representavam o início de um novo movimento. O que ele fizera até então foi proporcionar um deslocamento das relações entre o conhecimento positivo, a consciência que se tem dele e a capacidade de ação sobre os outros (Rancière, 2004, p. 11)[10]. O mapeamento dos saberes sobre os corpos, sobre o saber médico, sobre a própria epistemologia, sobre o direito e as prisões não gerariam nenhum instrumento unificado de luta, nenhuma arma para as massas, nenhuma superconsciência a alimentar a revolta.

A prova desse fato foi o próprio abandono de Foucault por essas causas, e sua crescente indignação ao ser colocado como avatar deste ou daquele movimento. A idéia era que cada saber reconhecido por seu próprio conjunto de relações, e cada grupo consciente dessas relações pudessem engendrar uma rede de relações novas e reunidas como uma rede de razões casuais que tivesse força para os inevitáveis enfrentamentos sociais. O único eixo axiológico que seu ativismo deixava escapar claramente era uma oposição firme contra um sentimento de intolerável provindo da violência das relações de poder. Somente essa sensação poderia reunir interesses para reconduzir o conhecimento a uma possível função social. O pensamento de cada um e de todos tem o

Zahar Editor, 1996). Outras duas são referências para um aprofundamento do tema. A de David Macey, *The lives of Michel Foucault*, e a de James Miller, *The Passion Foucault.*

[10] Texto de Jacques Rancière publicado no jornal francês Libération, num dossiê comemorativo em homenagem aos vinte anos da morte de Foucault. O título em francês é *Les philosophes sans porte-voix*. Libération. 19 e 20 de junho de 2004, p. 11. O texto foi traduzido no Brasil pela Folha de São Paulo, na edição de 27 de junho de 2004, na seção autores do suplemento semanal Mais! Para as traduções utilizo a versão do jornal brasileiro.

mesmo valor, mas não deve ceder à tentação de se instalar na centralidade do processo de conflito e desenvolvimento das relações sociais.

Com *A história da Sexualidade I – A vontade de saber*, de 1976, Foucault reordena novamente seus trabalhos e da idéia de microfísica do poder passa ao conceito de *biopoder*, ou seja, salta do domínio das relações locais de poder para uma espécie de macrofísica das relações sociais, insistindo sobre a questão do governo das coletividades.

Além de combater a idéia psicologizante de repressão, Foucault inaugura uma série de estudos sobre mecanismos gerais de inclusão da vida na *pólis* – a mais importante questão política desde Aristóteles (Foucault, 2001b) –, e como paradoxalmente o problema da modernidade se tornou libertar-se dessa inclusão, para resgatar uma vida o mais livre possível das ciências, dos discursos, dos poderes constituídos. Nessa época Foucault viajava o mundo inteiro, tendo vindo ao Brasil diversas vezes. Foi correspondente de guerra para o Corriere della Sera na Revolução Islâmica do Irã e continuou militando em causas isoladas, mas parou de publicar quando teve um problema contratual com a editora Gallimard. Só voltou a publicar em 1984, já com gravíssimas complicações de saúde decorrentes do vírus da AIDS, de que era portador.

Nesses últimos trabalhos, *História da Sexualidade II – O uso dos prazeres* e *A história da Sexualidade III* (1998a) – *O Cuidado de Si,* de 1984 (1998b), Foucault provoca mais uma inversão e retorna à Grécia clássica e a Roma dos primeiros séculos do cristianismo para analisar o modo como surgiram os primeiros discursos sobre a constituição do sujeito. Essa virada é considerada por vários intérpretes de seu trabalho como uma virada para a busca de uma ética que sempre faltou em seus escritos.

Para seus críticos, essa postura neutra serviu como o melhor dos argumentos contra ele. Em 1983 Jürgen Habermas dedicara grande quantidade de páginas de seu *Discurso Filosófico da Modernidade* a Foucault, condenando-o a repetidor da velha tradição tiranizante das filosofias do sujeito, em que incluía seus mestres Adorno e Horkheimer. Habermas simplificava: depois de estudar tantos domínios de saber, de mapeá-los e de descobrir que não há saída para esse relativismo, por que lutar então? A pergunta *Por que lutar?* resume as preocupações normativas típicas da filosofia liberal feita nos Estados Unidos e Inglaterra, que influenciou a crítica da abordagem da obra de Foucault na América do Norte, onde ele passara boa parte dos anos em fins da década de 1970, especialmente na Califórnia.

Mas o problema político por excelência estava colocado, embora poucos tenham notado à época. Com seu retorno aos gregos e romanos, Foucault parecia ter encontrado um modo de fechar o círculo de sua crítica. Ele já declarara isso em *A Vontade de Saber*, mas com o rótulo de crítico das instituições modernas foi difícil perceber a passagem da análise local, contextual, específica, para um plano geral de regularidades de dominação. Algo que começou a se tonar possível com a publicação recente dos seus cursos proferidos no Collège de France, de 1971 a 1983. Foucault reuniu no mesmo horizonte crítico o problema epistemológico da vida dos indivíduos com os mecanismos gerais que dela se apropriam. Em seus estudos a metáfora do contrato estava fechada – *Omnes et Singulatim* (Foucault, 2003)[11].

Giorgio Agambem, filósofo italiano, credita a Foucault o deciframento da estrutura originária da estatalidade ao demonstrar a importância da vida biológica como problema do poder soberano (Agambem, 2002). A absolutização do ingresso da vida na *pólis* é, para o pensador italiano, um evento decisivo na modernidade. Agambem defende que a relação entre vida privada e vida política é de dependência por natureza, o que torna uma autonomia política impraticável. No entanto, Foucault, ao contrário do italiano, defende que essa dependência foi inventada como uma estratégia de governo, já que o Estado não possui nenhuma estrutura ou natureza essencial (2002, p. 15-17). Inicialmente, Foucault chamou tal apropriação de *biopoder* e posteriormente de *biopolítica*[12]. Biopolítica é a maneira pela qual se tentou, desde o século XVIII, *racionalizar os problemas propostos à prática governamental, pelos fenômenos próprios a um conjunto de seres vivos*

[11] Esse é o título [*Omnes et Singulatim: vers une critique de la raison politique*] de importante texto de Foucault originalmente concebido como duas conferências para as Tanner Lectures, na Universidade de Stanford, proferidas em 1979 e publicadas somente em 1981. A tradução para o português consta no quarto volume da edição brasileira dos Ditos e escritos, citada anteriormente.

[12] O conceito de biopoder surge no último capítulo de *A vontade de saber*, cujo título é *Direito de Morte* e *Poder sobre a Vida*. Biopolítica aparece a partir do curso de 1975-1976, "É preciso defender a sociedade" (publicado em português pela Editora Martins Fontes), e daí em diante servirá de conceito operacional principal para Foucault nos dois próximos cursos, *Segurança, território e população*, de 1977-1978, e, principalmente, *Nascimento da biopolítica*, de 1978-1979. Estes dois cursos foram recentemente publicados na França.

constituídos em população (Foucault, 1997). A biopolítica é contemporânea do surgimento da idéia de nação, quando o Estado sofre grandes alterações em suas tarefas que vão repercutir no modo pela qual se legitima o poder soberano. Cuidar da vida dos indivíduos assume nova conotação. Foucault questiona então como, num quadro geral de crítica à idéia de que se governa demais, a intervenção na vida das pessoas somente aumentou. Como a reflexão liberal pôde, sem partir da existência do Estado, preocupar-se com a vida dos indivíduos a tal ponto em que fez dos mecanismos que colocaram sua crítica em movimento um novo fator de dominação.

Assim a inclusão da vida na *pólis* assume a feição de problema maior da contemporaneidade. Foucault alerta para os modos como a vida passou a ser considerada na modernidade e como as ciências do homem tiveram um papel fundamental nesse processo de inclusão-exclusão de tudo o que viver significa – algo que na Antigüidade que ele analisa surge em formas pouco extensivas, em termos políticos, de invenção da subjetividade a partir de discursos sobre a verdade. A forma como a conduta dos cidadãos foi constituída em problema de conhecimento estatal (no sentido da estatalidade atribuída por Agambem) implica na diminuição progressiva e efetiva da liberdade de autodeterminação dos indivíduos, apesar do aumento das capacidades individuais promovida em larga escala pelas reformas do programa iluminista na modernidade. Esse é outro paradoxo que preocupou Foucault. Para que algo como a metáfora do contrato fizesse sentido em sociedades complexas seria necessário um fortalecimento progressivo das capacidades autodeterminantes dos indivíduos contratantes para fins de socialização, que importam na defesa de seus direitos, mas também na possibilidade de defesa de um projeto compartilhado de sociedade.

Como o progresso das sociedades complexas trouxe conseqüências desastrosas para o sonho iluminista, Foucault ensaia um paradoxo: o aumento das capacidades individuais implica numa intensificação progressiva das relações de poder. No ensaio "O que é o Iluminismo" (Foucault, 2001c, p. 1.381-1.397)[13], quando volta a Kant depois de ter defendido um estudo sobre a antropologia kantiana como tese de doutorado no início da carreira, Foucault se coloca na esteira da tradição iluminista, mas observando a necessidade de encontrar saídas para que o progresso tecnológico não acabe por levar ao fim o projeto de maturidade da humanidade. A reação estatal ao perigo representado pelos indivíduos cada vez mais capazes de potencial ofensivo não é, em amplo sentido, um embate contra a difusão do conhecimento, mas uma apropriação cada vez maior sobre os saberes específicos que possam ser fontes de problemas que venham a fugir do controle, como o terrorismo de larga escala nos dias de hoje.

A vida do indivíduo e as fronteiras sob o controle do poder político funcionam assim com dois planos tecnológicos específicos e tipicamente modernos. É a manipulação da natureza humana e dos discursos (conhecimento enquanto prá-

[13] Há, na verdade, dois ensaios um tanto quanto divididos. O primeiro apareceu numa publicação nos Estados Unidos, sob o título *What is Enlightenment?*, em 1984, e o outro na edição 207 da Magazine Littéraire, em maio de 1984. O segundo é um extrato das aulas do curso de 5 de janeiro de 1983 no Collège de France.

tica social) sobre o homem que possibilita o controle, interno e externo, das fronteiras do Estado e, em última instância, o exercício da soberania. Só se governam homens governáveis. Interioridade e exterioridade da crítica de Foucault se resumem no encontro entre uma análise das ciências estatais (governo da biopolítica) e no processo pelo qual o homem foi inventado como membro dessa comunidade governável. A questão é que para Foucault esse processo de inclusão e exclusão da vida na *pólis* – símbolo da política ocidental, que tem no contrato seu símbolo máximo e na dualidade entre vida pública e privada sua configuração mais pragmática – foi historicamente constituído, o que significa que ele pode ser historicamente transformado. Eis uma das diferenças básicas entre o pensamento de Heidegger e Foucault quando colocadas no mesmo plano de análise possível às relações entre a crítica de Heidegger à sociedade da técnica e a de Foucault ao governo pela biopolítica – o que ele chamou de *governamentalidade* (Foucault, 2000c).

Heidegger e Foucault compartilham a visão de que a vida dos indivíduos na modernidade é de algum modo determinada por mecanismos tecnológicos que perpassam a sociedade. Ambos defendem a idéia de que a característica básica de tais mecanismos gerais (que uma inclinação à teoria geral tende a chamar de *estruturas*) é objetificar e ordenar as forças da vida. Ambos propõem que os seres humanos como uma espécie de fonte manipulável de recursos são essenciais para a administração tecnológica da sociedade, e também sugerem que a liberação deste estado de coisas requer uma reinvenção, de certo modo radical, da natureza dos seres humanos construídos como tais no presente (Rayner, 2001, p. 142).

Embora Foucault dedique pouca atenção à denúncia da metafísica, nem pensa sobre os destinos históricos do ocidente a partir de um desvio que deve ser corrigido, parece claro o bastante que o mundo administrado pela biopolítica guarda graves vinculações com o modo como Heidegger interpreta o domínio da técnica no século XX. O inventário de Foucault traça um mapa da realidade como fonte de recursos que podem ser redirecionados, e sua aposta na história vem da certeza de que a ação humana pode escapar ou, pelo menos, aumentar os limites impostos pelo domínio governamental. Domínio esse que não está ligado somente com o Estado, enquanto tipo de sociedade política especialmente moderna. Mas na captura do exercício da subjetividade de modo amplo.

Agambem, que percebeu bem essa relação entre Heidegger e Foucault, argumenta que o domínio da vida biológica pelo poder soberano estatal é de difícil transformação, porque o indivíduo está, para com o poder soberano (que já foi pastoral e que nos dias de hoje é governamental), numa relação de constante inferioridade, de dependência. Heidegger foi claro a respeito do que essa dependência significa: uma intimação provocante que inclui o sujeito no plano das exigências da técnica. Foucault traduziu esta intimação no provimento das necessidades geradas pela vida política. Antes das exigências liberais é preciso cumprir as exigências que decorrem do próprio processo de socialização. É preciso prevenir os riscos, cuidar da segurança, controlar a saúde do corpo público. Porém, a dependência de que fala Agambem é vista por Foucault não como decorrente natural da vida política. Fazer aparecer para o indivíduo essa dependência como um fato natural é justamente um processo tecnológico político de dominação característica do Estado-nação.

O plano de análise indica que desde sua origem o Estado foi ao mesmo tempo individualizante (poder pastoral) e centralizador (técnicas de polícia), e que hoje existe uma relação bastante complexa, no quadro geral do liberalismo, de interioridade-exterioridade dos indivíduos com o Estado (Foucault, 2003). Na *História da Sexualidade* Foucault lembrava que, desde Aristóteles, a preocupação básica era resguardar ao homem (animal vivente) seu direito de inclusão na *pólis*. Nos dias de hoje o problema é como ter garantidos seus direitos de homem natural livre, dentro dos muros da *pólis*. Por isso, opor *ao Estado os interesses do indivíduo é tão infeliz quanto opor-lhe a comunidade e suas exigências* (Foucault, 2003, p. 385). Isso porque o Estado, bem ou mal, continua funcionando para os indivíduos e para a comunidade. Seu fundamento de existência nunca foi outro enquanto aparelho tecnológico. A questão é ver como dentro do corpo político o indivíduo vira povo, e daí população, tornando-se uma variável dependente de certo número de fatores, que não são todos naturais (o sistema de impostos, a atividade da circulação, a repartição do lucro). Mas essa dependência pode ser analisada racionalmente, de modo que a população apareça como "naturalmente" dependente de fatores múltiplos e que podem ser artificialmente modificados.

> Assim, começa a aparecer, numa derivação em relação à tecnologia de "polícia" e numa correlação com o nascimento da reflexão econômica, o problema político da população. Ela não é concebida como uma coleção

> de sujeitos de direito, nem como um conjunto de braços destinados ao trabalho; é analisada como um conjunto de elementos que, por um lado, se vinculam ao regime geral dos seres vivos (a população diz respeito, então, à "espécie humana", noção nova na época que se deve distinguir de "gênero humano") e, por outro lado, pode dar vazão a intervenções articuladas (por intermédio das leis, mas também das mudanças de atitude, de maneiras de fazer e de viver que podem ser obtidas pelas "campanhas") (Foucault, 1997, p. 85).

Embora para Foucault fique claro que aumentar as capacidades individuais ainda é a via de acesso do indivíduo para uma luta por transformação social, ela não passa mais por tomar o poder, em termos de controlar o Estado ou as forças produtivas aos moldes dos levantes revolucionários. Tal qual para Heidegger nunca se tratou de sabotar máquinas para encontrar uma saída ou escapar às exigências da técnica. Na entrevista que deu à *Der Spiegel*, em 1966, e que somente foi publicada após sua morte, em 1976, Heidegger comenta sobre a saída da era técnica (Heidegger, 1989). Respondendo a questões polêmicas que cercaram sua carreira, como o reitorado da Universidade de Friburg, durante dez meses entre 1933-1934, o rompimento com Husserl e seu discutido envolvimento com o nazismo, o pensador alemão. Em especial, Heidegger discute sobre que forma de política poderia enfrentar a crise de humanidade gerada pela técnica planetária que planifica o *dasein*, impedindo-o em suas possibilidades de vida. O que já tinha sido enunciado em *Introdução à Metafísica* era que nem o nazismo nem o comunismo ou a democracia poderiam enfrentar o desafio colocado em marcha pela técnica.

O que há de inalcançável na política diante da técnica é que, mesmo na democracia, os homens tendem a tratar a técnica como algo que está à sua mercê. *Na minha opinião, isto não é possível. A técnica, na sua essência, é algo que o homem não domina por si*, afirma Heidegger (1989, p. 120). E não se trata de pessimismo ou otimismo com relação ao tempo em que vivemos, trata-se de encontrar um caminho que responda à essência da técnica e ao horizontalismo do humano, numa era em que a própria manufatura da natureza humana se apresenta como hipótese de trabalho. Num mundo em que tudo funciona e os caminhos se fecham:

> Tudo funciona. É precisamente isso que é inquietante: tudo funciona, e o funcionar arrasta sempre consigo o continuar a funcionar, e a técnica arranca o homem da terra e desenraíza-o cada vez mais. Eu não sei se não os assusta – seja como for, a mim assusta-me – ver agora as fotografias da Terra feitas da Lua. Não é preciso nenhuma bomba atômica: o desenraizamento do homem já está aí. Nós já só temos relações puramente técnicas. Já não é na Terra que o homem hoje vive (1989, p. 121).

A procura por saídas da crise do homem que se confronta com a sociedade tecnológica global ainda resiste numa esperança de reviravolta desde que tal crise atinja o paroxismo do absurdo – reviravolta que requer da parte do homem uma espera daquilo que deve ser doado, mas que não pode de forma alguma preparar para tomar; o que revela ainda uma atitude metafísica. Essa espera ao apelo do ser Heidegger traduziu principalmente pela imensa dificuldade em pensar fora da metafísica e do sentido técnico. Algo a que nem os filósofos poderiam corresponder à altura, nem mesmo ele:

> Não posso [dar resposta], porque as questões são tão difíceis que seria contrário ao sentido desta missão do pensar o começar simultaneamente a predicar e a emitir valorações morais. Talvez se possa aventurar o seguinte: ao mistério da superpotência planetária da essência da técnica moderna responde a provisoriedade e a insignificância do pensar que procura refletir sobre este impensado (1989, p. 125).

A grande tarefa não pode ser realizada em essência por ninguém, no sentido de uma nova fundação, e nem, afirma Heidegger, parece haver quem pudesse perscrutar a essência da técnica de modo profundo, a ponto de levar o *pensamento de modo imediato de forma pregnante ao seu tema (sache) e, portanto, ao seu caminho* (1989, p. 130). Resta, para os homens de hoje, em virtude da grandeza do que deve ser pensado, o esforço talvez por *construir uma passagem por sendas mais estreitas e de mais curto alcance* (1989, p. 130). Em 1966 Foucault proclamava a *morte do homem* em *As Palavras e as Coisas*, iniciando seu trabalho de ataque a focos locais de concentração de poder e saber científico que representam mecanismos de captura da vida humana em suas possibilidades de liberdade na sociedade. A indicação veio das leituras de Nietzsche, até onde sabemos. Difícil definir o quanto Foucault estava preocupado com Heidegger nesse sentido metodológico. Mais fácil seria talvez fazer recuar as conclusões de Heidegger até Nietzsche.

Foucault concentrou-se de modo decisivo na abertura de novos campos de investigação nas sociedades modernas, descendo até os níveis infinitesimais de coação, em busca de abordagens diversas que engendrassem novos caminhos de pesquisa. O bem-sucedido fechamento de suas problematizações sociais é o encontro entre aquilo que a vida do homem significa num horizonte dominado pelo saber científico, tecnológico, e como ela se relaciona com a sociedade. Ele reeditou a importância da militância intelectual, ao mesmo tempo em que foi um dos símbolos do momento em que, na França, intelectuais de todas as áreas silenciaram diante da percepção de que sua tarefa pudesse estar servindo de alimento à crise do homem. Para não deturpar o ritmo de seu trabalho filosófico, Foucault passou mais de cinco anos sem publicar, entre 1976 e 1983, quando sofria pressões contratuais da editora Gallimard.

O problema colocado pelo cenário liberal, de dependência natural do homem dos poderes políticos, ele procurou clarear com um historicismo engajado de origem nietzscheana, em que chamava atenção para a necessidade de continuar o trabalho de conhecer a realidade para que os indivíduos pudessem atuar melhor nela. O que de mais eficiente foi conseguido pela apropriação tecnológica da vida em termos políticos, segundo Foucault, foi a dissolução do potencial humano, num mundo em que a capacidade de agir é consumida pelo esfacelamento progressivo da importância do conhecimento, diluído em saberes específicos, nunca autosuficientes. Nunca exatamente um ser político, nunca um ser natural, a sociedade tecnológica produz seres humanos em campos de exceção onde a luta por liberação não faz sentido

– já que os homens dependem dela para serem tratados, educados, protegidos –, onde a luta por inclusão pode ser vista como uma salvação da miséria e do isolamento, mas também como um aprisionamento da naturalidade e da liberdade do homem.

Como sendas, contudo, podem ser abertas sempre, e como a cultura (essa posição é de Heidegger) reúne potencial para meditação da problemática da técnica, essa missão pode ser conduzida. Foucault trabalhou a vida inteira para descobrir como. Certa vez, quando deixava Berkeley pela última vez, antes de falecer, perguntado à saída de uma aula por um aflito aluno de artes, Foucault teria sido enfático: *há uma luta em andamento, difícil e que parece não ter fim. Mas pode ser ganha, o jogo pode ser ganho* (Miller, 2000). Mas seu último brado é, por mais estranho que possa parecer, de fundo moral. Precisamos encontrar meios de evitar que os caminhos do amadurecimento do homem pelo conhecimento não terminem em intensificações de relações de poder. Morto o homem das ciências modernas, Foucault trabalha pela reinvenção da vida. O que irá influenciar inúmeras reviravoltas desde que o maio de 1968 na França provou, de algum modo, que alterar os rumos ainda é possível.

Em 1993 James Miller, diretor de estudos liberais na Graduate Faculty of the New School, resolveu investigar uma denúncia dos bastidores intelectuais americanos que diziam que Foucault, nas últimas vezes que esteve em São Francisco, já sabendo que era portador do HIV, teria ido às saunas gays que freqüentava bastante para espalhar o vírus por ressentimento. Miller refez todo o percurso de Foucault, filosófico e político, e compilou o resultado de suas buscas numa detalhada, mas reprovada na França, biografia de título *The passion of Michel Foucault*[14]. Suas conclusões afastaram qualquer dúvida sobre a idoneidade de Foucault quanto a esse assunto, revelando a falsidade da acusação e a descoberta de uma personagem das mais fascinantes do século XX. Seu trabalho revela um pensador em atrito com a vida desde jovem, indignado com os preconceitos que sofria desde sua própria casa e que entregou suas melhores horas a mergulhar nos lados escuros da sociedade, para encontrar nessas dobras aquilo que ela mais esconde: as imagens deterioradas de si mesma.

Ao se propor a escrever e lutar sem prescrever às pessoas o que elas deveriam fazer de suas vidas, Foucault inaugurava algo realmente novo. Em primeiro lugar se colocava na vanguarda das tradições críticas da modernidade, depois assumia as dificuldades do século em que viveu sem forçar o entendimento sobre a complexidade da política pós-moderna, e por fim deixou uma obra extensa sobre a qual o interesse multidisciplinar somente cresce. Ao mesmo tempo o ajudou a não ceder às exigências do idealismo normativo que, sob o símbolo de um racionalismo reformado, engessaram o progresso da crítica filosófica sob o peso de uma pretensa responsabilidade social democrática globalizante.

Dentro ou fora das fronteiras sociais e políticas hoje cada vez mais diluídas, Foucault mostrou que os mecanismos de exclusão e inclusão eram os mesmos quando seus resultados

[14] Mesmo não aceita entre os amigos mais próximos de Foucault, a biografia de Miller contém passagens importantes e pouco exploradas de sua vida nos Estados Unidos, e uma tentativa central de mostrar a relação entre seu ativismo e suas obras.

demonstravam a mesma violência, fosse qual fosse o discurso de justificativa ou justificabilidade, tal qual Heidegger o fizera ainda em 1935 na denúncia do avanço uniformizador da técnica no nazismo, no comunismo e no americanismo. Se transformar esses mecanismos parece difícil, abandonar a obra de Foucault para problematizar e compreender melhor a complexidade atual parece ainda mais complicado. O que, conseqüentemente, nos leva a perceber o quanto Heidegger é imprescindível.

Referências bibliográficas

AGAMBEM, Giorgio. *Homo Sacer – o poder soberano e a vida nua*, v. I. Tradução de Henrique Burigo. Belo Horizonte: Editora da UFMG, 2002.

FOUCAULT, Michel. *Le retour de la morale*. In: Dits et Écrits, v. II, 1976-1988. Paris: Éditions Gallimard, 2001a.

______. *O Nascimento da Clínica*. Rio de Janeiro: Forense Universitária, 2004.

______. *A Arqueologia do Saber*. Rio de Janeiro: Forense Universitária, 2005.

______. "Nietzsche, a Genealogia e a História". In: *Microfísica do poder*. Organização, introdução e revisão técnica de Roberto Machado. Rio de Janeiro: Edições Graal, 2000a.

______. *Vigiar e Punir*. Tradução de Raquel Ramalhete. Petrópolis: Editora Vozes, 2000b.

______. *História da Sexualidade I – A vontade de saber*. Tradução de Maria Tereza da C. Albuquerque e J. A. Guilhon de Albuquerque. Rio de Janeiro: Edições Graal, 2001b.

______. "Qu'est-ce que les Lumières?" In: *Dits et Écrits*, [1984], v. II, 1976-1988. Paris: Éditions Gallimard, 2001c.

______. *Qu'est-ce que les Lumières? – Un cours inedit.* In: Dits et Écrits, [1984], v. II, 1976-1988. Paris: Éditions Gallimard, 2001d.

______. "A Governamentalidade". In: *Microfísica do poder*. Organização, introdução e revisão técnica de Roberto Machado. Rio de Janeiro: Edições Graal, 2000c.

______. "*Omnes et singulatim:* Uma crítica da razão política". In: *Ditos e Escritos*, v. IV. p. 355-385. Rio de Janeiro: Editora Forense, 2003.

______. *Resumo dos cursos no Collège de France.* 1970-1982. Tradução de Andréa Daher. Rio de Janeiro: Jorge Zahar Editor, 1997.

______. *História da Sexualidade II – O uso dos prazeres*. Tradução de Maria Tereza da C. Albuquerque e J. A. Guilhon de Albuquerque. Rio de Janeiro: Edições Graal, 1998a.

______. *A História da Sexualidade III* – O cuidado de si. Tradução de Maria Tereza da C. Albuquerque e J. A. Guilhon de Albuquerque. Rio de Janeiro: Edições Graal, 1998b.

HABERMAS, Jüngcr. *O Discurso Filosófico da Modernidade*. Ed. São Paulo: Martins Fontes, 2001.

______. *Direito e Democracia – Entre Facticidade e Validade*. vol. I e II. Tradução de Flávio Beno Siebeneichler. Rio de Janeiro: Biblioteca Tempo Universitário, 102, 1997.

HEIDEGGER, Martin. *Introdução à Metafísica*. Introdução, tradução e notas de Emmanuel Carneiro Leão. Rio de Janeiro: Editora Tempo Brasileiro, 1969.

______. *Identidade e Diferença*. Tradução Ernildo Stein. Col. Os Pensadores. São Paulo: Abril Cultural, 1973.

______. *O Princípio da Identidade*. Tradução Ernildo Stein. Col. Os Pensadores. São Paulo: Abril Cultural, 1973a.

______. *Língua Técnica e Língua de Tradição*. Tradução e pósfácio de Mário Botas. Col. Passagens. Lisboa: Ed. Passagens, 1995.

______. "Já só um deus nos pode ainda salvar" [Entrevista à revista Der Spiegel]. In: *Heidegger: um século*. Publicação periódica da sociedade portuguesa de filosofia, vol. III, n. 1/2, 1989.

______. *Ensaios e Conferências*. Tradução de Emmanuel Carneiro Leão e outros. Petrópolis, RJ: Ed. Vozes, 2001.

MACEY, David. *The lives of Michel Foucault*. Pantheon Publisher, 1994.

MILLER. James. *The passion of Michel Foucault*. Harvard University Press, 2000.

RANCIÈRE, Jaqcues. *Les philosophes sans porte-voix*. Liberátion. 19 e 20 de junho de 2004.

RAYNER. Timothy. *Biopower and technology: Foucault and Heidegger's way of thinking*. Revista Contretemps 2, May 2001.

VATTIMO. Gianni. *Introdução a Heidegger*. Lisboa – Portugal: Edições 70, 1987.

______. *As aventuras da diferença*. Lisboa – Portugal: Edições 70, 1989.

6

A QUESTÃO DA TÉCNICA E A CRISE DO "SI-MESMO": CONTRIBUIÇÕES DA FILOSOFIA ORTEGUIANA

Arlindo Ferreira Gonçalves Jr.[1]

Introdução

Pretendemos abordar o tema da tecnologia por meio de uma ontologia da técnica na obra do filósofo espanhol Ortega y Gasset, identificando suas implicações éticas para a sociedade contemporânea. Suas considerações à cultura tecnológica o faz figurar como um dos autores que se destacam no plano da crítica, seja pela abordagem, seja pela atualidade. Neste sentido objetivamos recuperar e analisar os argumentos de Ortega y Gasset, em particular nas obras em que expõe suas considerações acerca da técnica, e demonstrar como tal reflexão, radicada no plano ontológico da vida humana, assinala para a necessidade de um humanismo ético como fundamento para a sociedade tecnológica. A noção de humanismo tecnológico

[1] Prof. Dr. da Faculdade de Filosofia/Centro de Ciências Humanas da Pontifícia Universidade Católica de Campinas.

emerge na identificação do homem com a técnica, ou seja, da vida humana como fabricação de si mesma. É neste sentido que a técnica, segundo a interpretação orteguiana, está associada à existência humana e, portanto, ao "si-mesmo". O homem moderno não tem claro seu "si-mesmo" e falta-lhe imaginação para inventar o argumento originário de sua própria existência. Este nihilismo dramático evidencia uma crise na qual este conjunto de atos específicos humanos, chamados "técnica", perde seu caráter de meio de realização assumindo um fim em si mesmo, se sobrepondo ao próprio programa vital. Pode-se dizer que a descaracterização ou o distanciamento que se impõe entre o homem/sociedade e a técnica/tecnologia produzida, recai precisamente na perda de autocompreensão. Suas análises seguem tendo vigência, sobretudo nas considerações acerca da "sobrenatureza" e das necessidades artificiais – categorias que integram a atual sociedade da informação. Bem como, seu exame suscita uma discussão entre a transformação tecnológica da própria cultura ocasionada pelo que denominou de "crise dos desejos". Para isso aportaremos inicialmente em uma noção-chave do pensamento orteguiano, a vida humana, e apresentaremos um esboço do que o autor considera ser a ética, para então explorarmos sua ontologia da técnica.

Na primeira parte faremos uma breve aproximação ao tema da técnica/tecnologia especificando suas implicações éticas, bem como sua relação com a sociedade; na segunda parte apresentaremos a noção da técnica à luz do pensamento de Ortega y Gasset, seus argumentos e pressupostos, expostos na obra "Meditación de la técnica"; na terceira parte será analisada a concepção de ciência, esta compreendida como forma avançada da técnica moderna, e seu reflexo na sociedade contemporânea.

Abordaremos de modo sistemático as seguintes obras de Ortega y Gasset: "Rebelión de las masas"; "En torno a Galileu".

1. Aproximação preliminar do conceito de técnica

O termo grego *techné* corresponde ao "saber-fazer" ou "ofício" que envolve um conjunto de habilidades, de atividades criadoras e manipuladoras da matéria, visando atender de forma sistemática a um determinado fim. Não obstante corresponder aos conceitos de método e de arte (ars) – como já assinalava Aristóteles ao contrapor os saberes teorético e o prático ao da *poiésis*, e indicar que este último refere-se à produção artificial – a especificidade da técnica decorre desta ser uma "atividade prática enquanto utiliza uma ou mais leis naturais, de modo que a verificação destas valha como resultado da própria atividade" (Vita, 1963, p. 16). Corresponde por conseguinte a uma dimensão humana em forma de atributo procedimental de realização sobre a própria natureza, não de forma desinteressada como a *epistême* e tampouco da mera experiência volitiva.

A expressão "ars mechanica" tomou lugar já na idade média substituindo o sentido grego do termo, o que instaurou um significado particular referente à "técnica". Porém, os primórdios da reflexão da técnica estão na idade moderna com a *Encyclopédie* francesa (Mora, 2001, p. 2.821), pois foi o momento em que se aliou a noção de técnica mecânica à ciência, originando o que seria considerado posteriormente tecnologia, em sentido amplo. O advento e a evolução da técnica, como meio de realização e princípio da ciência, trouxeram à luz uma questão que se mostrou fundamental na sua constituição como produto das realizações humanas: a alienação. Neste sentido, acentuam-se as relações de dependência e subordinação, tomando-lhe o lugar autêntico de sujeito criador, e impondo uma nova noção de desenvolvimento que prevalece para o homem moderno.

Associada à própria formação direta do processo civilizatório, o "mito" da técnica é formulado como a própria emancipação do homem em relação à natureza, possibilitando o advento antropológico do *homo sapiens*, e o desenvolvimento da racionalidade. No que se refere à sua compreensão e análise, pode-se associar o conceito de técnica a diferentes áreas tais como as próprias ciências sociais e econômicas.

Se a técnica para o homem contemporâneo está associada intrinsecamente à ciência, como resultado de um processo que se desenvolveu desde o século XVII, somando o racionalismo, o método científico, e as determinações econômicas da produção capitalista, cabe ressaltar as problemáticas provenientes dessa conjugação. Sobre essa gênese Edgar Morin ressalta a relação entre a técnica de manipulação e o desenvolvimento das ciências experimentais que se estabelecem em um único processo: "o método experimental é um método de manipulação, que necessita cada vez mais de técnicas, que permitem cada vez mais manipulações" (2001, p. 56).

São particularmente duas as áreas da filosofia que se ocupam com as conseqüências trazidas ao homem e à natureza do que podemos chamar tecnociência ou simplesmente tecnologia: a ética e a epistemologia. Dentre os questionamentos, podemos assinalar aqueles que buscam a compreensão da dinâmica própria da ação científica para conciliá-la com a ética: a ação científica é eticamente neutra? Ao se basear em fatos, tem a ciência de comprometer-se com valores? O juízo moral pode ter uma justificação científica? Dentre estes, destacamos os que assinalam para a relação entre evolução científica e progresso moral, uma vez que expressam cada vez mais na história contemporânea uma tensão dialética porém necessária, como indica Dominique Janicaud[2]:

> Cada novo progresso técnico, pensando bem, é inelutável, é também portador de resistências humanas, e o papel da cultura, se ela tem um sentido, é dar voz a esse protesto, sem se deter forçosamente no que ela tem de mais regressivo, mas permitindo aos homens expressar esses problemas que, com muita freqüência, não dominam nem entendem. Não se pode e não se deve imaginar uma humanidade [...] que seja adaptada a todo instante a todo progresso técnico (In: Scheps, 1996, p. 211).

É por meio da abordagem filosófica que a identificamos como o uso apropriado da projeção intelectiva a fim de sublevar-se frente à espontaneidade, ou seja, enquanto um caractere humano que exterioriza intenções valorativas. O escopo dos atos técnico visa a realização autêntica do homem, que deve ser, neste sentido, ético. A concepção da técnica na tradição moderna como simples meio de realização resultou na insubsistente descaracterização e dissolução desta como detentora de moralidade, e a alijou da constituição humana. E esse é o problema que se apresenta efetivo na filosofia contemporânea, a saber, a conciliação da técnica e da ciência como expressão humanista.

[2] Professor na Universidade de Nice e diretor do Centre de Recherche d'Histoire des Idées, é autor de importantes obras que destacam as críticas filosóficas das tecnociências, como: *La puissance du rationnel* (1985); *Les pouvoirs de la science* (1987); *Des techniques à la technoscience* (1991).

2. A ontologia da técnica segundo Ortega

Porque tivesse pressentido a problematização que viria a ser recorrente iniciada na segunda metade do século XX, e com propriedade crescente nos tempos atuais, Ortega y Gasset nos oferece uma reflexão original sobre o conceito da técnica, sobretudo quando a fundamenta a partir da realidade radical da vida humana. Anteviu em particular a necessidade de redefinir-se, posto seu distanciamento promovido pela inserção desmesurada da ciência, tornando-a artificial a ponto de não oferecer ao homem a possibilidade de reconhecer-se naqueles que se fazem os meios para que coexista com as circunstâncias e suas necessidades. A técnica, imbricada com a noção de desenvolvimento, postulada como tecnologia no Ocidente contemporâneo se sobrepõe como fim em si mesma, sobre humana. Em torno das vicissitudes da técnica é que a obra orteguiana contribui com grande mérito e atualidade, enquanto crítica à sociedade tecnológica.

Intitulada "Meditação da Técnica", baseada em um curso apresentado no ano de 1933 na Universidade de Verão de Santander[3], por ocasião de sua inauguração, é a obra onde encontramos o tema da técnica mais amplamente trabalhado à luz do pressuposto ontológico raciovitalista, e que passamos agora a apresentar.

[3] Posteriormente a esses escritos somaram-se artigos no periódico *La Nación* de Buenos Aires, de abril a outubro de 1935. Segundo Molinuevo, obteve-se finalmente um livro em 1939 "ante lalbor pirata de los editores de Chile, que recortaban esos artículos dándolos en forma de libro. Paulino Garagorri antepuso la Introducción al Curso para la edición de *El Arquero* (7ª Ed., 1977)

O que é a técnica? Com a problemática definida, sugere Ortega y Gasset o método de sucessivas aproximações para sua compreensão, sendo que a primeira delas parte de um plano ontológico e pretende estabelecer sua relação estrutural com as noções de necessidade e natureza. Busca caracterizá-la como um modo peculiar do repertório humano assinalando-a como um conjunto de quefazeres específicos.

O tema da necessidade constitui para Ortega y Gasset a primeira via para compreensão *stricto sensu* da idéia de técnica. Em seu sentido vital, a necessidade se apresenta como impulso primordial que mobiliza a vontade na sua orientação objetal. Este truísmo migratório se dirige à circunstância e exige um procedimento específico na sua interpelação, que se origina em um plano reflexivo e se executa de forma transformadora sobre a natureza. A natureza é concebida em termos orteguianos como circunstância, ou seja, o não eu, que se impõe como a realidade para a qual converge minha necessidade. A técnica, ao transformar a natureza, ou seja, a circunstância, também transforma o homem, posto sua constituição de coexistência mútua: "eu sou eu e minha circunstância". Quando se demonstra como "circunstância negativa", ou seja, enquanto fonte que afeta a plenitude da condição vital, exige do sujeito sua afirmação sobre tal realidade. O que determina a necessidade de intervenção a esta circunstância? Por que existe a não indiferença à necessidade

que no aparece en las *Obras Completas*. Tenemos un original manuscrito de las lecciones, los artículos en *La Nación*, y la edición de Ortega de 1939 en genérico *Ensimismamiento y alteración*, que añade un cierre final del escrito" (2000, p. 6).

que se apresenta? Ortega y Gasset exemplifica esta disposição da realidade, enquanto hostil, no evento do "sentir frio" como ameaça de aniquilamento. O que determina o conjunto de ações que resultem no fato de se evitar o "sentir frio", é, em última instância, a própria necessidade de viver.

A explicação recorrente para esta necessidade de afirmação do ser está na noção de instinto de sobrevivência, que é contraposta dada sua insuficiência. A noção de instinto, segundo Ortega, além de ser imprecisa, não pode ser aplicada ao homem de forma integral, já que este é governado por outras dimensões. Assim, ao criticar o argumento do determinismo instintivo – de apelo mecanicista e biologista – Ortega reitera a postura raciovitalista, e assinala a necessidade de conduzir a discussão para a especificidade humana, donde a noção de instinto perde seu posto na medida em que o homem dispõe de sua natureza, mesmo que factível, e não o contrário. Definido o campo de reflexão, cabe fixar a priori a idéia de que o homem se empenha em viver, ou seja, a opção em estar vivo estaria já implícita.

Uma necessidade conduz à outra no percurso de sua satisfação, o que define um conjunto de necessidades que exige, por sua vez, um repertório de atividades com as quais o homem deve dispor. As necessidades e satisfações humanas devem ser compreendidas na sua relação de condição natural para aquele viver. Sobre esta condição natural, explica Ortega: "o homem reconhece esta necessidade material ou objetiva e porque a reconhece a sente subjetivamente como necessidade. Mas note-se que esta sua necessidade é puramente condicional" (1977, p. 8-9). Nesta perspectiva o autor indica um substrato anterior às necessidades, e pelo qual deve ser um fim último, guiado por um ato de vontade, que é o próprio viver, como conclui: "este viver é, pois, a necessidade originária de que todas as demais são meras conseqüências [...] A vida – necessidade das necessidades – é necessária apenas num sentido subjetivo simplesmente porque o homem decide autocraticamente viver" (1977, p. 9).

Certos repertórios de necessidades e de atividades do homem se assemelham ao dos animais – aqueles que se orientem pelo uso de recursos já presentes e estão em função de satisfações diretas. Não obstante, o homem é o único capaz de inventar condições quando estas não se encontram como possibilidades, e para isso produz fazeres específicos com o escopo de transformação do dado circunstancial. O animal dispõe unicamente de um repertório primitivo de fazeres que o limita frente às imposições da natureza e que o encerra nas necessidades biológicas. A existência do animal, segundo o autor, "não é mais que o sistema dessas necessidades elementares que chamamos orgânicas ou biológicas e o sistema de atos que as satisfazem" (1977, p. 11). As considerações que nos põem em contato com a compreensão do universo dos recursos de satisfação do animal, são aqui de fundamental importância por ser o ponto de partida da reflexão que constitui a criatividade humana principalmente no que tange a dois pressupostos: a noção imperativa da vida e a determinação da natureza. O primeiro demarca o horizonte estritamente fisiológico do conceito da vida, e cabe lembrar que tal concepção permeia os fundamentos das teorias materialistas mecanicistas, e é precisamente destas posições que Ortega quer se distanciar quando propõe o *constructo* teórico da vida humana – posicionando-se, assim, notoriamente contra os reducionismos que caracterizam as primeiras décadas do século XX. Quanto ao segundo pressuposto, o autor indica que é precisamente na relação com a natureza (ou circunstância), no dado que pré-existe e com a qual minha vida se encontra, que aquilo que é estritamente humano se revela, ou seja, a capacidade de recriá-la.

A vida humana, portanto, não se esgota nas suas condições objetivas e conseqüentemente das necessidades que delas emergem. Dispõe o homem da capacidade de transcender à circunstância em que está submerso, pelo seu ensimesmamento, em um plano em que novos repertórios de quefazeres são projetados sobre a natureza para remodelá-la em função das necessidades. Os mencionados repertórios que preenchem estas finalidades compõem-se dos chamados "atos técnicos", e seu conjunto é que define a própria técnica, que pode ser compreendida, conforme Ortega:

> como a reforma que o homem impõe à natureza em vista da satisfação de suas necessidades. Estas, vimos, eram imposições da natureza ao homem. O homem responde impondo por sua vez uma mudança à natureza. É, pois a técnica, a reação enérgica contra a natureza ou circunstância que leva a criar entre esta e o homem uma nova natureza posta sobre aquela, uma sobrenatureza (1977, p. 14).

Salienta-se a identificação da técnica como reforma ou reinvenção, e neste sentido não pode ser esgotada como meio de satisfação direta das necessidades; ou seja, a técnica não se refere à adaptação do homem ao ambiente que provoca suas necessidades, mas à imposição ao meio de converter-se ao sujeito. É, antes de tudo, um modo de ser do homem condicionado pela circunstância.

A técnica humana associa-se a outra espécie de necessidades, fora àquelas que são exigidas para o viver biológico. É o caso das necessidades supérfluas, em que a natureza é adaptada em função da necessidade fundamental do homem que se suplanta ao mero estar aí, mas necessita "estar bem". Ortega utiliza o exemplo do estado da embriaguez e as diversas manifestações artísticas para mostrar como, através da técnica, o homem buscou atender uma necessidade sobretudo prazerosa e não utilitária. É supérfluo estar bem, mas para o homem é a sua necessidade fundamental, é a "necessidade das necessidades" (1977, p. 20). Isso é demonstrado no empenho do homem em não apenas sobreviver, mas viver possibilitado pela produção do supérfluo pela técnica. Portanto, somente neste sentido, pode-se estabelecer a relação da técnica como via de realização de necessidades, quando estas sejam objetivamente supérfluas e que estejam em função do bem-estar.

Com essa análise, encontra Ortega uma abordagem original ao tema que até então não fora estabelecido, ou seja, o vínculo entre as noções de homem, técnica e necessidade, sendo esta compreendida segundo os termos supracitados. A partir dessas considerações é que podemos identificar o objeto à qual se orienta a técnica como algo dinâmico e histórico, o que a torna algo dinâmico e variável, conforme o perfil daquilo que pretende realizar.

As criações de necessidades que acomete o homem, a fim de produzir objetos artificiais, bem como técnicas para sua satisfação, são mobilizadas conforme o próprio desenvolvimento das civilizações, de acordo com suas "narrativas biográficas". Na sociedade contemporânea estas necessidades adquirem seu horizonte específico, relacionando-se às novas tecnologias da informação e comunicação, que constituiriam uma nova circunstância, conforme discute Javier Echeverría, em seu artigo "Sobrenaturaleza de la información: la Meditación de la técnica a finales del siglo XX"[4]. Neste o autor utiliza-se de conceitos raciovitalistas para interpretar a sociedade informatizada, trazendo à luz a atualidade da obra orteguiana. No mundo contemporâneo, segundo o autor:

> nos circundam diversas modalidades de sobrenatureza que suscitam em nós necessidades cada vez mais artificiais [...] o problema atual consiste em dominar, ou ao menos controlar, as sobrenaturezas geradas pelas ações tecnológicas [...] a novidade principal do século XX consiste em que a tecnologia transforma a sociedade, não só a natureza, e nem sempre para o bem. Posto que muitas modalidades de sobrenatureza formam parte de nossa circunstância, o homem contemporâneo se sente mais dominado pela tecnologia que pela natureza. (Echeverría, 2000, p. 20).

Se a técnica, como vimos, exige esta reforma na natureza, cabe precisar ainda mais a finalidade de sua ação. Segundo Ortega y Gasset, em última instância, "a técnica é, assim, o esforço para poupar esforço ou, em outras palavras, é o que

[4] ECHEVERRÍA, Javier. Sobrenaturaleza y sociedad de la información. *Revista de Occidente*, Madrid, n. 228, mayo 2000, p. 19-32.

fazemos para evitar por completo, ou em parte, as canseiras que a circunstância primeiramente nos impõe" (1977, p. 31). A complexidade da afirmação de que a técnica é um esforço para "poupar esforço", que a princípio parece-nos paradoxal, está em demonstrar qual o fim que se espera com aquilo que fica disponível, ou seja, o que foi poupado. É dado problemático por se tratar de uma condição *sine qua non* do homem à constante ocupação do viver. Este seria o momento da transcendência da vida orgânica, como conclui Ortega y Gasset:

> No vão que a superação de sua vida animal deixa, dedica-se o homem a uma série de tarefas não biológicas que lhe são impostas pela natureza, que ele inventa para si mesmo. E precisamente a essa vida inventada, inventada como se inventa um romance ou uma peça de teatro, é ao que o homem chama de vida humana, bem-estar (1977, p. 33).

Uma discussão antecede a questão da técnica caso se queira uma incursão radical na sua definição. Segundo o próprio Ortega y Gasset toda a problematização quanto à noção de técnica será superficial se não a compreendermos a partir da perspectiva humana, e neste sentido o ponto inicial deva ser precisamente o esclarecimento quanto à relação estrutural entre o humano e a natureza. Nesta relação encontraremos revelado o fenômeno da técnica como fazer necessariamente humano. O homem se encontra no mundo, e esta é sua condição inevitável que nos leva a três possibilidades de interpretação em função das facilidades ou dificuldades que emergem dessa relação: na primeira o homem disporia apenas de facilidades da natureza, sendo assim não encontraria obstáculos para sua satisfação, o homem seria uma extensão do mundo; na segunda interpretação, de forma contrária a anterior, a natureza não ofereceria senão impedimentos à realização do homem, portanto uma relação adversa e conflituosa; na terceira possibilidade de interpretação haveria a presença das duas anteriores, e definiria o contato do homem com o mundo de forma complexa e dramática. Nesta "terceira via", encontra Ortega y Gasset, a própria definição para o humano: "este fenômeno fundamental, talvez o mais fundamental de todos – isto é, que nosso existir consiste em estar rodeado tanto de facilidades como de dificuldades – dá seu especial caráter ontológico à realidade que chamamos vida humana, ao ser do homem" (1977, p. 37).

Esse sistema de facilidade/dificuldade que alicerça a relação com a natureza não define a própria existência, mas seus indicativos a priori. Se o homem é forçado a relacionar-se com a natureza ou circunstância, o faz a partir de suas possibilidades abstratas e não de realidades prévias. Estas serão produzidas e conquistadas no momento do encontro e confronto com o mundo, instante em que o homem executa o seu projeto vital e faz a si próprio. Esta condição primeira que estipula a vigência do existir humano diferencia-o da natureza à qual está submerso, e ao mesmo tempo guarda sua possibilidade de transcendência. Dessa maneira tem o homem conferida sua dupla condição, por um lado é parte da natureza, por outro, é extra natureza. Nestes termos é que Ortega y Gasset define o homem como sendo um "centauro ontológico", e explica: "o que tem de natural se realiza por si mesmo/: não lhe é problema. [...] Ao contrário, sua porção extranatural não é, evidentemente e sem mais, realizada, já que consiste, como se sabe, numa mera pretensão de ser, num projeto de vida" (1977, p. 38). Pode-se identificar aquela extranaturalidade com o conceito atual de "virtual" como mostra Molinuevo:

> o mundo da possibilidade, que vai além da realidade e das formas tradicionais de ocupar-se com ela, é o do virtual [...] é o mundo da metáfora. Como é sabido, a metáfora é para Ortega um modo de conhecimento que sobrepõe os limites do conhecimento científico e é também um modo de ser, esse mundo do virtual como mundo em que tudo é possível, e finalmente é um modo de existir, o da existência metafórica (2000, p. 17).

Aportamos, assim, na ontologia antropológica orteguiana que define o atributo essencial do homem, ou seja, aquele que está a vir-a-ser, em contrapartida daquilo que é natural e que não está projetado para o futuro, pois já o é; e que se configura como um conjunto de imposições que ora facilitam, ora dificultam a realização do programa vital quando interpretadas à luz da pretensão humana.

Tem o homem a necessidade radical de atuar sobre a circunstância, o que significa dizer que supõe que irá produzir-se a si mesmo, ou então, "autofabricar-se", num esforço continuado de vir a ser aquilo inventado. Na dimensão humana deste fazer/fabricar-se é que é definida a relação profunda do homem com a técnica: "o homem, na própria raiz de sua essência, encontra-se, antes que em qualquer outra, na situação do técnico" (1977, p. 44), diz Ortega y Gasset, que outorga à noção desta o próprio fundamento do agir humano.

A técnica refere-se à autofabricação do próprio homem, cumpre esta exigência primária deste imperativo em suas especificações vitais de constante quefazer, e neste sentido sua atuação exige um plano prospectivo. Sob esta condição que o agir autêntico encontrará o solo para sua construção, absorvendo e transformando a natureza, incluindo-a neste encontro como ente junto à vida humana. Por meio deste encontro necessário do homem com a natureza, aquele exalta sobre esta um desígnio extranatural pela técnica, como bem assinala Ortega y Gasset:

> O fato absoluto, puro fenômeno do universo que é a técnica, somente pode dar-se nessa estranha, patética, dramática combinação metafísica de que dois entes heterogêneos – o homem e o mundo – sejam obrigados a unificar-se, de modo que um deles, o homem, consiga inserir seu ser extramundano no outro, que é precisamente o mundo. Esse problema, quase de engenharia, é a existência humana" (1977, p. 46-47).

A teoria orteguiana remete-nos a uma concepção de homem fundada na idéia de obra, e para isso se utiliza de expressões como: "construção"; "engenharia"; "fabricação". A vida humana, neste sentido, é projeto arquitetônico, e seu telos é a escultura de si – objeto de arte, da techné, imbricada com um conjunto de intenções imaginárias, poéticas[5].

[5] Sobre esse aspecto fundamental que caracteriza a vida humana como atividade "artística", soube explorar perfeitamente uma de suas continuadoras da Escola de Madrid, María Zambrano.

No horizonte de realização da vida humana surge a técnica na instância da execução. Se ela se define como o recurso para a atualização do programa vital, é portanto, posterior a este, como nos lembra Ortega y Gasset: "Ela [a técnica] por si não define o programa; quero dizer que a técnica lhe é prefixada à finalidade que ela deve conseguir. O programa vital é pré-técnico" (1977, p. 47).

À luz da argumentação exposta, podemos conceber a exata noção de como Ortega conduz a temática a um plano humanístico. Observando a sociedade de seu tempo, em que o progresso é definido como sintoma da evolução da técnica e sobreposição à natureza, o autor redimensiona a realidade e posiciona a vida humana ponto fulcral da realização do ser. Contrapõe-se, dessa maneira, à perspectiva de compreensão da técnica como fim em si mesma, e a situa como um "procedimento" utilizado pelo homem, que é seu inventor e seu objetivo. Cabe mencionar que esta invenção inclui como ingrediente que a determina a própria realidade histórica; daí ser reconfigurada em cada época.

Se a técnica, com visto, é entendida aqui como instrumento que o homem se utiliza para realizar suas necessidades – inventadas no plano imaginário ou associadas a um núcleo primário de satisfações diretas – é mister a reflexão em torno à relação estabelecida com o desejo. Em outras palavras, o problema passa a gravitar sobre a seguinte questão: Qual o desejo fundamental e autêntico ao qual a técnica servirá como via de atualização? Para esta análise o autor propõe um método hermenêutico, e buscará o significado profundo do próprio ato de desejar associado, como se encontra, ao seu objeto.

Os desejos estão associados ao ser inalienável do homem, estão intimamente relacionados àquilo projetado pelo homem, logo são dinâmicos, variáveis, e se dão em função do si-mesmo. Este si-mesmo a realizar é por excelência o objeto do desejo. Em última análise, o desejo é para efetivar o si-mesmo, para realizá-lo, e "quando alguém é incapaz de desejar-se a si mesmo, porque não tem claro um si-mesmo que realizar, é evidente que não tem senão pseudo-desejos, espectros de apetites sem sinceridade nem vigor" (1977, p. 48). Neste ponto Ortega y Gasset consagra sua argumentação e fundamenta sua crítica à sociedade tecnocrática, identificando na raiz do autoconhecimento, na identidade mesma do homem, a problemática que se torna manifesta pela desorientação de finalidade que lastreia o agir técnico, como demonstra na seguinte passagem:

> Talvez a doença básica de nosso tempo seja uma crise dos desejos e por isso toda a fabulosa potencialidade de nossa técnica parece como se não nos servisse de nada [...] o homem atual não sabe o que ser, falta-lhe imaginação para inventar o argumento de sua própria vida" (1977, p. 48-49).

A técnica entrelaça-se no modo de ser do homem, está a seu serviço. Modo de ser variável na sua essência e criado por cada qual, cujas instalações o determinam vetorialmente no espaço e tempo. Um tipo concreto e paradigmático, apresentado como exemplo daquele que se projeta de forma extranatural para atender ao apelo de seu modo de ser é o *gentleman*. Ortega y Gasset o vê como produto histórico, a partir do desdobramento da aristocracia, e detentor da capacidade de exercer múltiplas formas práticas de conquista de vida. Essas formas práticas referem-se às atividades lúdicas e desportivas, que se desvinculam da relação de satisfação imediata que a natureza pode oferecer.

Aquele é um exemplo concreto da capacidade técnica "nominal", ou seja, orientada e deliberada por um plano criador e pessoal, no qual utiliza a inteligência para sua realização. Cabe notar que a noção de inteligência está vinculada à idéia de técnica, sobretudo quando associamos esta como recurso inventado para satisfação de necessidades – nesta perspectiva a inteligência humana se faria comum ante as dos animais, que notoriamente não participam desta mesma categoria. A inteligência não traz em si o fim de um procedimento técnico, mas é via de operação que está em função daquilo que a precede, ou seja, um projeto delineador vital inventivo, como nos mostra Ortega y Gasset:

> a inteligência, por mais vigorosa que seja, não pode tirar de si mesma sua própria direção; não pode, portanto, chegar a verdadeiros descobrimentos técnicos. Ela, por si, não sabe quais, entre as infinitas possibilidades que se pode "inventar", convêm preferir, e se perde em suas infinitas possibilidades. Somente numa entidade onde a inteligência funciona a serviço de uma imaginação, não técnica, mas criadora de projetos vitais, pode constituir-se a capacidade técnica (1977, p. 69).

Não há uma técnica exclusiva e paradigmática que carregue um sentido ideal de eficácia, no sentido em que esta deverá estar subordinada àquilo que a precede. Não obstante, existem técnicas que têm possibilidades de corresponder ou não ao sentido último de realização posto por diferentes orientações. Ao tecer esta conclusão, Ortega tem o objetivo expresso de evidenciar sua crítica à adesão massificada ao modelo de técnica "euro-norte-americana", vigente e hegemônico, contra o qual defende a relativização de seus procedimentos e objetivos em função do projeto humano específico.

Para uma compreensão mais integral do desenvolvimento da técnica e seu significado na genealogia humana, Ortega nos oferece um mapeamento "antropológico", dividindo-a historicamente em estádios de evolução, a saber: a técnica do acaso; a técnica do artesão; a técnica do técnico, os quais passamos a descrevê-los.

A técnica do acaso é pertencente aos grupos primitivos. Não é percebida como ação técnica propriamente dita, ou seja, possuidora de capacidade de transformação a partir de um objetivo prévio, mas por outro lado, é assumida como um evento natural. O conjunto de atos técnicos é aceito como pertencente ao repertório das ações naturais fixas neste estádio da técnica. Além disso, é exercida de maneira coletiva, não havendo assim a relação de peculiaridade da figura do especialista – salvo a divisão das atividades em gênero, nas quais mulheres ou homens têm sua especificidade. Entretanto, o que mais caracteriza este estádio é a incapacidade do homem sentir-se inventor, *homo faber*. Significa dizer que ao homem primitivo lhe escapa a noção de prospecção, e sua técnica/acaso adquire uma relação estreita com a magia, pois surge à revelia de suas intenções para depois se estabelecer como hábito.

No segundo estádio de evolução encontra-se a técnica como artesanato. Situada na antiga Grécia, Roma pré-imperial, e no período medieval, tem como característica a tomada de consciência da especificidade das ações técnicas, porém identificando-as com o próprio homem que a efetua, ou seja, o artesão. Nesta sobreposição da técnica e de seu artífice, aquela se encontra como que fixada na natureza mesma deste. Ademais, ainda não dispõe da consciência da técnica na sua função de invenção projetiva, pelo fato de se prender na tradição e na reprodução daquilo que já está consolidado, como pauta para suas realizações técnicas. O bom artesão é o que melhor mantém intactos esses preceitos de reprodução, e o faz por meio de instrumentos que não atuam por si mesmo, como é o caso das máquinas que viriam caracterizar o próximo estádio. O artesão também se caracteriza pelo fato de concentrar de forma unívoca os papéis de inventor e executor, sendo que nesta divisão encerra-se a ação técnica apenas na primeira instância, enquanto a segunda seria designada pelo "operário". Esta dissociação, bem como o advento da máquina, é um dos fatores que possibilitam a projeção para o estádio da técnica do técnico.

O estádio da técnica do técnico é marcado sobretudo pela consciência que este assume frente àquela, ou seja, que é um conjunto de recurso não fixo e que está em função de um projeto, e que se mostra ilimitada. Cabe mencionar que esta consciência está atrelada à própria imagem do homem liberal moderno, e da perspectiva histórica em que se encontra travestida da noção de progresso material e racional. O advento da máquina – século XIX com o tear de Robert –, como mencionado, redireciona a posição do homem como protagonista da técnica, ao mesmo tempo em que lhe possibilita a consciência de seus limites, demarcando assim a transição do estádio da técnica como *techné*, como nos assinala Ortega: "No artesanato o utensílio ou ferramenta é somente suplemento do homem. Este, portanto, o homem com seus atos 'naturais', continua sendo o ator principal. Na máquina, ao contrário, passa o instrumento para o primeiro plano e não é ele quem ajuda ao homem, mas ao contrário: o homem é quem simplesmente ajuda e suplementa a máquina" (1977, p. 82).

A marca radical desse estádio, vigente na primeira parte do século XX na Europa, é a noção intrínseca de "ilimitação" da técnica. Neste sentido, a crença deposita-se na idéia de que a técnica não é mais um recurso dado que se confunde com a própria natureza – como no caso entre os primitivos – e, tampouco, que ela se identifica com o próprio executor, apresentado na figura do artesão, mas via de criação ilimitada. O que de pronto pareceria algo emancipador, mostrou-se paradoxalmente como um problema, no qual o homem passou a ter dificuldade de definir-se, como salienta Ortega: "[...] o homem está hoje, em seu âmago, atordoado precisamente pela consciência de sua principal ilimitação. E talvez isso contribui para que já não se saiba quem é – porque ao achar-se, em princípio, capaz de ser tudo o que é imaginável, já não sabe que é o que efetivamente é" (1977, p. 82). Aqui começa o niilismo, na medida em que o homem aliena-se na crença infindável no que a técnica pode proporcionar-lhe, como conclui:

> [...] a técnica, ao aparecer por um lado como capacidade, em princípio ilimitada, faz que o homem, posto a viver de fé na técnica e somente nela, fique com sua vida vazia. Porque ser técnico e somente técnico é poder ser tudo e, consequentemente, não ser nada determinado.[...]

> Por isso estes anos em que vivemos, os mais intensamente técnicos que houve na história humana, são dos mais vazios (1977, p. 85).

O estádio do homem contemporâneo condiz a um modo de ser que, quando relacionado com a natureza suplantada pela técnica, o incapacita de discernir aquilo que é resultado de transformação. O invólucro da natureza prende-se em seu tecido e o homem não a percebe; a sobrenatureza torna-se natureza. O conceito de sobrenatureza implica uma reflexão cujo objeto incide precisamente nas conseqüências do uso da técnica. A circunstância em forma de objetos criados pela técnica, que já não provoca admiração, mostra-se como "uma primeira paisagem artificial tão espessa que oculta a natureza primária atrás dele, [e o homem] tenderá a acreditar que, como esta, tudo aquilo está aí por si mesmo" (1977, p. 88). O resultado, assinala Ortega, é a possibilidade de perda da consciência desta realidade como algo modificado pela técnica – uma aproximação comprometedora com a própria perspectiva do homem primitivo sobre a natureza. É o paradoxo em que a técnica promove a liberdade sobre a necessidade desencadeando a negação da consciência. No encontro desta sublevação do técnico em detrimento do humano, dá-se ainda o fenômeno da máquina como atributo em si mesma, como afirma: "a máquina abandona em última instância o homem, artesão. Não é já o utensílio que auxilia ao homem, mas ao contrário: o homem fica reduzido a auxiliar a máquina" (1977, p. 89).

No processo de "modernização" dos estádios, a técnica submete-se à condição da invenção. Para se inventar há de se dispor da técnica a priori, e isso conduz ao tecnicismo, ou seja "o método intelectual que opera na criação técnica" (1977, p. 90). Ao analisar a expressão *tecnicismo*, em particular em sua versão moderna diferente de suas formas anteriores, Ortega considera sua aparição radicada na mesma matriz em que surgiu a física, e no renascimento adquire perfil definitivo. Trata-se, antes de tudo, de um comportamento em que o homem esgota-se na dimensão do *ofício*. Cabe lembrar do apogeu das Escolas de Ofício no século XV, e de sua valorização como modo de credenciamento social, para aqueles – sobretudo filhos da alta burguesia – distantes da educação das "letras". O chamado "homem de oficina" é, sobre vários aspectos, aquele inventor que opera sobre a natureza como seu artífice, posto crer ser conhecedor de sua estrutura – mecânica – última. Dessa maneira tal forma de tecnicismo nasce juntamente com a ciência moderna, seu parentesco é estreito e se dá no confronto com a matéria. Interpelação pragmática, e que se alicerça na produtividade e quantificação. Contra essa tendência, sugere Ortega o seguinte: "[...] a vida humana não é somente luta com a matéria, é também luta do homem com sua alma. Que quadro pode a Euramérica [sic] opor a esse como repertório de técnicas da alma? [...]" (1977, p. 100).

As discussões trazidas pelas "meditações" orteguianas relacionadas à técnica teriam vigência em uma sociedade tecnológica informatizada como assinala José Luis Molinuevo, em seu artigo intitulado "Ortega y la posibilidad de un humanismo tecnológico". Neste o autor sustenta que o principal ponto de convergência da teoria orteguiana, com a problemática atual relacionada à tecnologia, reside na concepção da própria realidade, quando esta é definida em termos prospectivos, conforme assinala: "esta inserção que faz Ortega da técnica em um projeto vital pré-técnico, o da vida como possibilidade, significa situarmos na que é a categoria central das novas tecnologias: a realidade como possibilidade" (Molinuevo, 2000, p. 8). Decorrem deste pressuposto algumas conseqüências que tornam a abordagem orteguiana atual na leitura da sociedade tecnológica: a idéia de que a circunstância artificializada assume um caráter de sobrenatureza, ou seja, um simulacro, e com este mundo recriado – virtual – é que o homem coexiste; a relação da técnica com o desejo, que manifesta a determinação emocional na produção racional; a relação da técnica com o plano estético, no sentido em que o *telos* do bem-estar ocupa a prioridade sobre a realidade. Também se podem identificar na análise sobre a "técnica do técnico" (como já mencionado, o estádio do homem moderno), elementos que expõem a crise humanista contemporânea frente às novas tecnologias, como bem mostra Molinuevo:

> O ponto de partida é o estádio da "técnica do técnico", em que o mundo, a natureza ou a circunstância não têm um caráter físico, mas que são campos pragmáticos, um conjunto de possibilidades ou de dificuldades, em que as coisas não são res, mas pragmata, ou seja, coisas não feitas mas sendo, fazendo-se, por fazer. Esta dialética entre possibilidade e realidade é o suporte das novas tecnologias (2000, p. 16).

3. A ciência e a crise histórica: os "bárbaros especialistas"

A preocupação com a temática da ciência é recorrente no pensamento de Ortega desde a sua primeira estadia na Alemanha, período em que estudara com Wundt, em Leipzig, e demonstrou interesse por fisiologia e matemática, bem como posteriormente em Marburgo, no ambiente neokantista. As principais obras que abordam a ciência a partir do enfoque histórico-sistemático fazem parte da *segunda navegação*, e datam da década de quarenta, particularmente *Em Torno a Galileu* (1940) e *A Idéia de Princípio em Leibniz* (1946). Porém o problema aparece abordado já em 1929, à luz de elementos da razão histórica, na obra *Rebelião das massas*, em especial na reflexão sobre o advento do homem da ciência chamado de *bárbaro especialista* – protótipo daquele que posteriormente será explorado como o tecnocrata –, e os desdobramentos de sua intervenção no contexto social e político.

O conteúdo de *Rebelião das Massas* já havia sido traçado em obras como *Espanha Invertebrada*, *O Homem na Defensiva*, e em *A Desumanização da Arte*. Textos em que podemos encontrar traços de sua crítica ao homem moderno emergente que se caracteriza por uma peculiar relação com o paradigma de inautenticidade e representa o "invasor bárbaro". A obra tem o fito de explorar as conseqüências na Europa ocidental ocorridas com o predomínio do homem-massa. Conceito de muita controvérsia, o *homem-massa*, é para Ortega aquele que se contrapõe à vida nobre – no sentido moral –, e se apresenta sob três faces: o *homem satisfeito*; o *jovem mimado*, e o *bárbaro especialista*. Todos como manifestações resultantes da combinação da técnica moderna com a democracia liberal, assim como, expressão da crise histórica. Para nosso propósito nos deteremos na figura do *bárbaro especialista* para buscar identificá-lo com o técnico anti-humanista esboçado no item anterior.

O homem-massa é resultado da civilização do século XIX, e a forma como fora produzido é tema do capítulo XII da *Rebelião das Massas*, intitulado: "A barbárie do 'especialismo'". Neste tópico encontram-se importantes considerações sobre o tema da técnica, enfatizando a científica, e sua relação com a ocorrência do homem-massa.

De acordo com Ortega y Gasset "a técnica contemporânea nasce da copulação entre o capitalismo e a ciência experimental" (1957, p. 163). Está se referindo à técnica científica, estabelecida em solo europeu, associada à idéia de progresso ilimitado e de constante evolução. Em função desta modalidade técnica juntamente com a democracia liberal do século XIX, pôde a população européia crescer quantitativamente como nunca em sua história e deflagrar o fenômeno do homem-massa. Porém o conceito não se limita ao aspecto quantitativo, ou sobre determinada classe social, mas antes a uma disposição do homem perante a vida. Um determinado homem de ciência se destaca neste panorama como protagonista de um "poder legítimo". Ortega y Gasset nos põe claro, por meio de indagações sucessivas e patentes, a origem do sujeito desse poder:

> Quem exerce hoje o poder social? Quem impõe a estrutura de seu espírito na época? Sem dúvida, a burguesia. Quem dentro dessa burguesia é considerado como o grupo superior, como a aristocracia do presente? Sem

> dúvida, o técnico: engenheiro, médico, financista, professor etc. Quem dentro do grupo técnico o representa com maior altitude e pureza? Sem dúvida, o homem de ciência (1957, p. 164).

O homem de ciência configura-se como o modelo mais exato do homem-massa, e isso ocorre automaticamente em função da própria estrutura e dinâmica da ciência ocidental, que "faz dele um primitivo, um bárbaro moderno" (Ortega Y Gasset, 1957, p. 165).

Em um breve escorço histórico sobre a ciência experimental, o autor lembra-nos que sua origem se deu precisamente com Galileu, sua constituição com Newton, e seu desenvolvimento em meados do século XVIII, e insiste na distinção entre a *constituição* e o seu *desenvolvimento*. Aquela é caracterizada por integrar e unificar saberes e técnicas, enquanto este, o *desenvolvimento*, tem de peculiar a necessidade de especialização daqueles que produzem e operam a ciência. Note-se que Ortega y Gasset distingue a ciência de seus agentes e salienta que o progresso dessa não inclui a sua fragmentação em campos intelectuais mais exíguos: "Para progredir, a ciência necessitava que os homens de ciência se especializassem. Os homens de ciência, não ela mesma. A ciência não é especialista. *Ipso facto* deixaria de ser verdadeira. [...] Mas o trabalho nela sim tem – irremediavelmente – que ser especializado" (Ortega Y Gasset, 1957, p. 165-166). Essa distinção se faz importante para a compreensão da origem e *modus operandi* dos atos técnicos da ciência, e de como seu processo de desenvolvimento torna cada vez mais afastado o universo de conhecimento especializado da própria cultura em sentido amplo.

A Europa do século XIX é o palco do desenvolvimento da noção de especialização. Ortega y Gasset, dividindo esse período em três gerações, sintetiza da seguinte maneira seu decurso: seu início se dá quando o homem civilizado é identificado à figura do enciclopédico; na segunda geração aquele sujeito detentor de saberes começa a separar seu conhecimento específico do todo; a terceira geração, na última década, terá enfim o homem especialista. Esse "tipo de científico", e que pertence à classe de poder, é aquele que esgotará seu conhecimento a uma pequena parcela da realidade, defendo que o contrário, ou seja, o saber integral, está descompassado com a sua "verdadeira" função, criando assim uma hierarquia valorativa que consagra a imagem do especialista. Esse é o panorama e a consolidação histórica a que chegamos por definitivo no início do século XX. Esse processo foi e é possível segundo o autor pelo seguinte:

> A ciência experimental progrediu em boa parte à mercê do trabalho de homens fabulosamente medíocres, e ainda menos que medíocres. Isto é, que a ciência moderna, raiz e símbolo da civilização atual, dá acolhida dentro de si ao homem intelectualmente médio e lhe permite operar com bom êxito. A razão disso está no que é, igualmente, vantagem maior e perigo máximo da ciência nova e de toda a civilização que esta dirige e representa: a mecanização. [...] a firmeza e exatidão dos métodos permitem esta transitória e prática desarticulação do saber. Trabalha-se com um desses métodos como uma máquina, e nem sequer é

forçoso para obter abundantes resultados possuir idéias rigorosas sobre o sentido e fundamento deles (Ortega Y Gasset, 1957, p. 167).

O especialista, portanto, categoria ímpar na história, é integrante de uma classe de homens que concentra o dualismo do saber qualificado, específico, porém, desenraizado e desconectado do todo; o que resulta em radical ignorância e primitivismo. O que é mais danoso, e que irá de fato torná-lo homem-massa, não é a especialização em si, mas antes, a satisfação e valorização desta limitação; bem como, o comportamento "legitimado" pelo status de sua condição, para emitir juízos sobre questões que verdadeiramente ignoram, sem a consciência de sua efetiva incompetência, posta sua indisposição à submissão. Nesse contexto, os especialistas, como adverte Ortega y Gasset: "simbolizam e em grande parte constituem o império atual das massas, e sua barbárie é a causa mais imediata da desmoralização européia" (1957, p. 169).

A relação entre ética e técnica, predominante em *Meditação da técnica* e *Rebelião das massas*, converge-se na noção de *crise do desejo*, conforme o exame de Pedro Luis Moro Esteban[6]. Esse tema encontra lugar central nestas duas obras ao expressar a impossibilidade paradoxal do homem contemporâneo de desejar autenticamente. O desejo nihilista, irresoluto e atônito do homem que se situa nas primeiras décadas do século XX em uma Europa despersonalizada,

[6] La crisis de las masas a la luz de meditación de la técnica. *Revista de Estudios Orteguianos*, Madrid, n. 2, 2001, p. 215-222.

com figuras que representam cada mais o naufrágio perante o seu quefazer vital. Segundo Moro Esteban nas duas obras orteguianas supracitadas, pode-se perceber a tese de que:

> o homem médio procedeu a naturalizar aquilo que por contrário é produto da técnica; ou seja, de sua sobrenatureza e de sua perícia como construtor de tecnologia. Portanto, esse mesmo homem indócil à imaginação que o humaniza e à razão histórica que conserva criticamente o legado da memória, se vê inserido a uma pseudo-estética: a de consumidor passivo [...] (2001, p. 218).

Ainda conforme Moro Esteban em *Meditação da técnica*, Ortega teria consagrado o tipo humano que desenhara em 1929, e que teria características da *vida nobre*, por ora indicada como a atitude do *gentleman*, isto é, o reverso do homem-massa. Segundo o autor essa tipologia da nobreza do espírito jovial, marcada pela disciplina e reconhecimento dos deveres, quando refletida à luz da ontologia da técnica, indicaria sobretudo o ideal de eticidade, como nos mostra: "O *gentleman* é o exemplar no que se engendra a virtuosidade do técnico como jogo limpo, isto é, como apoderamento do supérfluo conduzido pelo imperativo de não mentir. Este *ethos* da sinceridade reduz as leis a um *minimum* dado o nível de autoexigência imposto" (2001, p. 220). Mesmo que Ortega não tenha esgotado na idéia do homem nobre o exemplo de moralidade, a não ser como contraponto ao homem-massa, o que se destaca é o seu pessimismo quanto ao fetichismo da técnica e o anulamento da vida. Mediante essa crise, que em última instância é da própria definição de homem, o autor aponta para um humanismo estético, concluindo que:

> Se fosse possível um novo humanismo chamado a preencher esses vazios haveria de acontecer por imprimir a ilusão no desejo, de modo que o possibilismo [sic] característico de nossa atual circunstância possa ser dirimido através de uma racionalidade cordial. Isto é, através de uma razão na que o desejo se nutra da imaginação e fantasia, a partir de uma sensibilidade que permita levar as coisas a sua plenitude [...] a atitude estética precisa de uma atitude técnica capaz de lavar até sua realização aquele desejo de plenitude originário (2001, p. 221).

Conclusão

Ortega y Gasset traz-nos à luz um tratamento atual sobre a temática da técnica para o mundo contemporâneo quando assinala para a desumanização da cultura tecnológica. Por meio de uma reflexão genealógica, buscando compreender a técnica como um elemento que compõe a própria dimensão humana na via de realização do programa vital, o autor recupera o seu sentido ético. Toca-nos em particular o aspecto da concepção de homem como ser "inventivo" e dramático, e nesta condição a própria idéia de *realização* reorienta o significado de realidade. Suas análises que levam à tona a crise dos desejos resultam em uma sóbria – porventura pessimista – caracterização do homem moderno, e adverte para a ausência de humanismo, um humanismo vital e histórico.

Suas idéias tiveram, ainda, impacto nas correntes fenomenológicas, em particular aquelas exploradas pelos intelectuais espanhóis exilados na América Latina, cuja inspiração na abordagem raciovitalista fez-se presente em vários países. No caso específico do Brasil essa influência está mais acentuada nas orientações teóricas da corrente culturalista que integraram o pensamento bergsoniano à crítica da cultura orteguiana. As sinalizações para uma reflexão das conseqüências da formação de culturas que estavam se constituindo de modo inautêntico, irrefletido e sem consciência de seu verdadeiro destino inalienável – condição intrínseca à ação moral –, tomaram espaço não só nas discussões teóricas de vários ambientes latino-americanos, mas conduziu o processo de formação política para a consolidação de suas autonomias.

A discussão sobre os limites do progresso da ciência, de sua invariável dissociação com os programas vitais que legitimam o seu ethos de realização, é fundamental para a elaboração de um projeto de sociedade justa e humanizada. Ortega y Gasset antevê o paradigma pós-moderno que dentre outras conseqüências traz a idéia de fragmentação do homem, produzida pela eminência do "mito da especialização", em sua particular condição de ser assumido "des-ideologizado", tomado, absorvido e encoberto pelo a priori do desenvolvimento, independentemente de sua facticidade e de sua história.

Referências bibliográficas

ECHEVERRÍA, Javier. Sobrenaturaleza y sociedad de la información: la Meditación de la técnica a finales del siglo XX. *Revista de Occidente*. Madrid, n. 228, p. 19-32, mayo de 2000.

MITCHAM, Carl. La transformación tecnológica de la cultura y la crisis de los deseos. *Revista de Occidente*. Madrid, n. 228, p. 33-52, mayo de 2000.

MOLINUEVO, José Luis. Ortega y la posibilidad de un humanismo tecnológico. *Revista de Occidente*. Madrid, n. 228, p. 5-18, mayo de 2000.

MORA, J. Ferrater. *Dicionário de Filosofia* (4 vols.). São Paulo: Loyola, 2000.

MORO ESTEBAN, Pedro Luis. La crisis del deseo. La rebelión de las masas a la luz de Meditación de la técnica. *Revista de Estudios Orteguianos*. Madrid, n. 2, p. 215-222, mayo de 2001.

ORTEGA Y GASSET, José. *Meditación de la técnica*: y otros ensayos. 7ª ed. Madrid: *Revista de Occidente*, 1977.

______. *Meditação da técnica*: vicisitudes das ciencias, cacofonia na física. Trad. e prólogo de Luis Washington Vita. RJ: Ibero Americano, 1963.

______. *Meditações do Quixote*. São Paulo: Livro Ibero-Americano, 1967.

______ *Obras completas* (XII vols.). Madrid: Revista de Occidente y Alianza, 1983.

______. *O homem e a gente*: intercomunicação humana. Rio de Janeiro: Livro Ibero-Americano, 1973.

______. *Que é filosofia?* Rio de Janeiro: Livro Ibero-Americano, 1961.

QUINTANILLA, Miguel A. La tecnología como paradigma de acción racional. *Revista de Occidente.* Madrid, n. 228, p. 53-74, mayo de 2000.

SCHEPS, Ruth (org.). *O império das técnicas*. Campinas, SP: Papirus, 1996.

MORIN, Edgar. Ciência com consciência. 5ª ed. Rio de Janeiro; Bertrand Brasil, 2001.

7

MOUNIER, A CRISE DA CIVILIZAÇÃO E A RETOMADA DA IDÉIA DE PESSOA

José Maurício de Carvalho[1]

Introdução

A filosofia no século XX voltou seus olhares para o homem e percebeu que a experiência vivida é básica para explicar o sentido da realidade. Por este motivo, os filósofos contemporâneos examinaram o influxo do mundo da vida nas explicações do que o mundo é. Notaram que ao longo da Idade Moderna as teorias de explicação do real ficaram, conforme a ênfase no sujeito ou no objeto, entre o materialismo e o idealismo. Não era desejável continuar assim, chegara o momento da mudança. A fenomenologia propôs, então, algo diverso do que se fazia, indicou que nossas explicações sobre o sentido de tudo não podiam separar o homem do mundo. O problema da inserção do homem no mundo e no tempo ganhou destaque com o método fenomenológico e é neste

[1] Professor livre-docente do Departamento das Filosofias e Métodos/Centro Científico da Universidade Federal de São João Del Rei.

contexto que precisamos entender o esforço de Mounier. Ele afirmou que é importante enumerar os detalhes da inserção humana no mundo para entender sua realidade. Emmanuel Mounier (1905-1950)[2] assim traduziu essa preocupação: "A pessoa só se realiza na comunidade: isso não quer dizer que ela tenha alguma chance de fazê-lo perdendo-se no anonima-

[2] Emmanuel Mounier nasceu em Grenoble, na França, em 10 de abril de 1905, e morreu de ataque cardíaco em 1950. Até os dezenove anos viveu na casa paterna, com seus pais, a avó e uma irmã mais velha, Madeleine Mounier. Ele referiu-se à infância como um tempo feliz. Ainda novo, perdeu uma vista e um ouvido, experiência que descreveu como amostra da fragilidade humana. Sob a orientação de Jacques Chevalier, Mounier estudou filosofia entre 1924 e 1927. Com 22 anos vai a Paris tentar uma cátedra de filosofia. Aprovado no concurso para o magistério, em segundo lugar, ganhou bolsa para cursar o doutorado. Na ocasião, desencanta-se da forma como se estudava filosofia na Sorbonne. A partir daí dedica-se a projetos acadêmicos pessoais, como a preparação de um trabalho sobre Charles Péguy (1873-1914), publicado por Jacques Maritain (1882-1973) em 1931. Neste ano e no seguinte leciona filosofia no Liceu de *Saint Omer* e em *Sainte Marie de Neully*. Em 1932 lança o primeiro número da Revista *Esprit*, que dirigiu até sua morte em 1950. A revista apenas não saiu, entre 1941 e 1944, por problemas de censura. Entre 1933 e 1939 vive parte do tempo em Paris e parte em Bruxelas, onde leciona no Liceu Francês. Em 1935, casa-se com Paulette Leclercq, com quem teve três filhas. Em 1939 foi convocado pelo exército francês, sendo preso e libertado em 1940, ocasião em que foi desmobilizado. Em 15 de janeiro de 1942 foi novamente preso, acusado de ações terroristas, sendo libertado e preso novamente nos meses seguintes até 26 de outubro, quando um julgamento inocentou-o definitivamente. Com o final da guerra em 1945, Mounier realiza uma série de viagens para reaproximar-se dos antigos colabores da Revista *Esprit*. Entre uma viagem e outra, escreve: *Liberdade condicional* e *Introdução aos existencialismos* (1947), *O que é o Personalismo* (1948), *O Aviso da África Negra* e *O Medo do Século XX* e *O personalismo* (1949). Em setembro de 1949 foi acometido de uma crise cardíaca, em virtude do excesso de trabalho. Em 22 de março de 1950 teve um enfarto fulminante, morrendo antes de completar 45 anos de idade. Os ensaios inéditos deixados para a *Esprit* foram reunidos e publicados postumamente, dando origem aos seguintes livros: *Quando a cristandade morre*, *A esperança dos desesperados* e *As certezas difíceis*.

to. Não existe comunidade verdadeira a não ser uma comunidade de pessoas. Todas as outras não passam de uma forma de anonimato de pessoas" (Mounier, 1961, p. 182).

Examinaremos a noção de *crise de civilização,* indicando que por intermédio dela mostra-se uma crise da idéia de pessoa. Para Mounier, a crise pedia nova forma de olhar o homem[3]. A percepção de que o ocidente estava com dificuldades para avançar no ideal de pessoa humana é o cerne das teses de Mounier. O desgaste observado no ideal de pessoa humana – explica – é crítico, porque afeta o principal valor do ocidente. Esta circunstância ativou, no filósofo, as exigências de elaborar uma filosofia da pessoa. Pareceu-lhe necessário tratar o homem como o fim de todas as ações, o centro de todas as políticas, o objetivo de todas as atividades econômicas.

Para enfrentar o risco da despersonalização, pensou Mounier, é necessário resguardar o valor da pessoa. Com base nesse valor, o filósofo mostra como são as relações humanas, aproxima o existente da comunidade e expande o universo axiológico, que é coletivamente elaborado[4]. Esta postura de

[3] Para um melhor entendimento da concepção de pessoa humana desenvolvida por Mounier leia: CARVALHO, José Mauricio de e SILVA, Fábio de Barros. "Emmanuel Mounier e Urbano Zilles: um diálogo sobre a pessoa humana." *Paradigmas.* Londrina, EDUEL. 2 (2), p. 149-56, jul. 1999.

[4] Parece-nos correto interpretar o personalismo como uma forma humana de ser que se revela no engajamento e ação. Antônio Joaquim Severino explicou o que significa essa interpretação do seguinte modo: "Afirmar a pessoa como valor absoluto exige afirmação do valor da comunidade: havendo uma comunidade no tempo, haverá necessariamente uma história. Compete às pessoas concriar a História, atuando sobre os acontecimentos encarnados. O universo pessoal exige intrinsecamente o engajamento do homem, Recusá-lo seria recusar a própria condição humana" (Severino, 1974. p. XIV). O modo de ser do homem explicita-se na inserção na comunidade. Não

Mounier contribuiu para renovar o pensamento católico, pois as sugestões do filósofo superaram a leitura parcial da condição humana. A ênfase na dimensão espiritual, prevalente na moral contra-reformista e no tradicionalismo, foi, por ele, abandonada.

Foram os seguintes os textos de Mounier nos quais nos baseamos: *Revolução personalista e comunitária* (1935), *O que é o personalismo?* (1947), *Quando a cristandade morre* (1950 – publicado postumamente), *A esperança dos desesperados* (1953 – publicado postumamente). Consideramos, em especial, a última parte de *O personalismo* (1949), a última obra do pensador.

1. A contribuição de Mounier para renovar a filosofia cristã

Filósofos católicos, durante os tempos modernos, falaram de crise como sinônimo da decadência do ocidente. Todos os problemas sociais e econômicos, todas as dificuldades éticas e políticas, nasceram, diziam, dos rumos assumidos pelo ideal de pessoa. Era isso que alimentava o humanismo antropológico, o imanentismo ontológico e o relativismo gnoseológico; tudo posto como aberração, como desvio indesejável do sonho humano de paz e felicidade. A autonomia da razão, o novo conceito de ciência, a

podemos falar da comunidade senão como um conjunto de pessoas e não podemos falar de pessoa sem inseri-la na sociedade. "Tensão bipolar frágil, porque nossa condição humana também é frágil" (Lorenzon, 1996. p. 13).

ênfase na corporalidade, a democracia moderna, uma economia voltada para o lucro eram sinais das dificuldades em torno da idéia de pessoa.

O elemento catalisador dessa leitura foi a moral contra-reformista, articulada pelo Concílio de Trento (1547-1563). O movimento valorizou a tradição eclesiástica, proclamou o magistério universal da Igreja, a validade dos sacramentos e dos ritos para a salvação, insistiu na autonomia e superioridade do poder religioso sobre o político. Foi essa orientação que, à parte das honrosas exceções, orientou os católicos a renegar a nova ordem social e a assumir um programa moral cada vez mais estreito[5]. Tinha-se em vista um programa moral que estabelecia uma compreensão unilateral da pessoa humana, condenava as coisas do mundo, especialmente o sexo e o lucro. Na proporção em que os dirigentes eclesiásticos foram sentindo a impossibilidade de restaurar, pura e simplesmente, a antiga moralidade, propuseram, e aí já no século XIX, os elementos para modificar a modernidade. Esse processo culminou na Encíclica *Aeter-*

[5] Conforme indicamos em *Caminhos da moral moderna: a experiência luso-brasileira* (1995), o ideal ético do tomismo assumido oficialmente pela Igreja é o da felicidade, traduzido na busca da perfeição que a engloba. A orientação contra-reformista deu-lhe uma interpretação estreita. "Reduziu o sentido da vida à conquista do céu, o que foi sintetizado pelos moralistas do século XVII, no repúdio às riquezas e aos prazeres. Procuraram eliminar o efeito de qualquer ação não intencional, através de um rigoroso processo de estreitamento da consciência, o que comprometia a liberdade do homem e eliminava qualquer efeito da imprevisibilidade nas ações" (Carvalho, 1995b, p. 83). Este afunilamento do debate moral levou à proclamação de um conjunto de regras de conduta para vencer a corrupção e salvar individualmente o cristão num mundo essencialmente decaído.

ni Patris (1879), quando o estudo da obra de Santo Tomás (1225-1274), que alimentou os moralistas da Reforma Católica, foi reafirmado[6].

O clero continuou culpando a modernidade pelos problemas sociais e políticos existentes, mas propôs os elementos para sua conversão. Foi assim que os pensadores de orientação católica passaram a falar de crise, num sentido diverso do empregado até ali. Podemos situar Mounier nesse novo esforço de abertura ao mundo moderno, embora parte dos católicos ainda insistisse na pura adaptação do tomismo "com motivação predominantemente extra-filosófica" (Paim, 1997, p. 703). Mounier estava entre aqueles que buscaram criar um pensamento próprio, articulado sobre a idéia tradicional de pessoa. Seus estudos sobre a condição humana,

[6] Falamos que os movimentos de renovação do tomismo culminam na Encíclica *Aeterni Patris* acompanhando **Leonardo Van Acker** (1896-1986) para quem é "inexato conceber o neotomismo como nascido, por decreto, da encíclica *Aeterni Patris*, de Leão XIII, em 1879". O tomismo já tinha renascido espontaneamente antes da encíclica, que o confirmou, estimulou e lhe abriu novos horizontes. Renasceu o tomismo primeiro na Itália, como reação crítica à filosofia moderna e até como expressão cultural do movimento nacionalista de 1848. Seus representantes desse período são: Buzzettí, Cornoldi, Taparelli d'Azeglio, Liberatore de Grazia, Sanseverino, Signorelli, Prisco e Zigliara. Nos países germânicos, já em meados do século XIX, ressurgiu o aristotelismo na Universidade de Berlim, na pessoa de Adolf Trendelenburg, inspirador de Franz Brentano, como este o é de Husserl ou do movimento fenomenológico. Anteriormente a Trendelenburg, o neo-aristotelismo teve representante eminente no sacerdote católico e insigne matemático Bernard Bolzano, que também influiu em Edmund Husserl. Dos neotomistas alemães anteriores à encíclica, merecem atenção especial Joseph Kleutgen (...) e Albert Stöckl. Na França, enfim, preludia o neo-aristotelismo tomista, com *La metaphvst que en présence des sciences* (1875), o conde Domet de Vorges (Acker, 1981. p. 151-2). Não se deve desconhecer, contudo, que foi o tomismo que inspirou diversas gerações de contra-reformistas durante toda a modernidade.

sustentados nas estruturas do universo pessoal, podem ser assim entendidos. Ele quer uma filosofia ajustada às novas exigências do cristianismo, a respeito do que é muito ilustrativo segui-lo na seguinte exposição:

> Têm razão os que dizem que o cristianismo deve reencontrar os caminhos da terra e as preocupações quotidianas dos homens; têm razão os que pensam que se deve pelo contrário restaurar a Palavra de Deus em sua altura sagrada. Têm razão, exceto de dizer pelo contrário. Porque já não se trata, com efeito, para ir ao encontro dos homens, de deduzir das Encíclicas uma doutrina social cristã que se esforça, penosamente, por seu prestígio a cinqüenta anos em atraso do desenvolvimento das idéias e dos fatos. Quando Cristo diz: "Meu reino não é deste mundo", não diz que nós não estamos neste mundo, mas que sua mensagem não é diretamente destinada à feliz administração deste mundo (Mounier, 1972, p. 10-11).

2. O sentido da crise

O século XX foi marcado pelo rápido avanço da tecnologia, por alterações nos paradigmas da ciência, por profundas transformações sociais, por guerras terríveis e mudanças no quadro político. É natural que os filósofos se ocupassem dessas questões. Libertado do esquema tradicional da filosofia católica, que atribuía todos os males do mundo à perda da dimensão espiritual da pessoa, Mounier enfrentou os problemas de então, sabendo que o cristianismo também contribuiu para as dificuldades da sociedade.

Mounier procurou identificar os problemas de seu tempo. O ocidente estava afetado: por um tipo de pensamento cujas raízes mostravam-se frágeis, por revoluções políticas e sociais, pelos problemas nascidos do uso amoral dos poderes da ciência e da tecnologia. Não foi só Mounier, nem apenas os filósofos cristãos, que enxergaram dificuldade onde ninguém via; a quase totalidade dos filósofos contemporâneos sentiu-se num tempo onde os valores enfraqueceram. Viramse na entrada de uma época de mudanças que apenas se deixava vislumbrar.

Mounier examinou o sentido da crise e os elementos necessários para enfrentá-la. Foi para responder a esse desafio que elaborou a sua filosofia personalista. Compreendeu-o Lorenzon, que assim se expressou: "A intuição primeira do personalismo foi a vontade de diagnosticar a fundo essa crise de civilização e de colaborar para sua solução" (1996. p. 13). De fato, o personalismo foi desenvolvido como um método de reflexão sobre os problemas concretos do homem na história, recusando o dedutivismo dogmático e o indutivismo naturalista. O personalismo utiliza, segundo Mounier, um método dialético que combina "a fidelidade histórica a certo absoluto humano com uma experiência histórica progressiva" (Mounier, 1962, p. 242).

3. A origem da crise

Crise não é catástrofe. Segundo assinalou Pascoal Rangel, Mounier não antevê nenhum destino catastrófico para o ocidente, embora não partilhe do sonho iluminado de alguns iluministas.

Além disso, Mounier levou a sério as críticas de Friedrich Nietzsche (1844-1900) aos cristãos. Ao considerá-las, abandonou o entendimento, pouco consistente, de que basta voltar ao passado da cristandade para encontrar respostas para os problemas atuais. É desejável olhar para frente. A origem da crise está na historicidade e é aí que também está a possibilidade de crescimento pessoal e coletivo, explica o filósofo:

> Não podemos prender-nos aos determinismos da natureza como se tudo estivesse escrito de antemão. Como se o futuro já estivesse, irremediavelmente, contido no passado. Não. O futuro não é apenas previsão. É projeto também. O homem não é apenas natureza, é também história (Rangel, 1976. p. 26).

Mounier apresenta a origem da crise. Para ele, a civilização ocidental moderna convenceu-se de que gerara o homem perfeito, capaz de: dominar a animalidade, gerar progresso material ilimitado e neutralizar as paixões. No entanto, nos últimos anos, nós nos deparamos com novas descrições da condição humana. Nossa civilização recebeu três golpes que lhe alteraram as crenças. Eis como o filósofo descreve os golpes sofridos pelo ocidente e o modo como eles abalaram suas certezas: "Para lá das harmonias econômicas, Marx revelava a luta sem tréguas de profundas forças sociais; para lá da harmonia psicológica, Freud descobria o turbilhão dos instintos; finalmente Nietzsche anunciava o niilismo antes de passar o facho a Dostoiewsky" (Mounier, 1964, p. 173).

Foi com o impacto desses golpes que a civilização ocidental sentiu afetadas as suas crenças nas ciências, na racionalidade e também na fé cristã. A situação ganhou cores dramáticas "com as duas guerras mundiais, o aparecimento dos estados policiais e do universo concentracionário" (Mounier,

1964, p. 173). Muitos pensadores trataram o desequilíbrio deste século que estamos terminando como um momento de desespero da condição humana. As guerras, os sistemas totalitários, a quebra da bolsa de Nova York não tinham um sentido puramente social, econômico e político, mas revelavam outras dificuldades. Sören Kierkegaard (1813-1855), especialmente pelo que propôs em *Conceito de angústia,* está entre aqueles que Mounier considera intérpretes legítimos desse tempo. Com os fatos trágicos, descritos pelo filósofo, quedam como inúteis os artifícios para ocultar a dramática circunstância do homem. Kierkegaard revela as fragilidades do sistema hegeliano, por ele considerado uma engenhosa obra de ocultação racional de nossas angústias. O resultado é que a crise da ordem sociopolítica não se desenvolve sem a crise espiritual. Mounier assim a descreve:

> Através duma economia sem sentido, a ciência segue o seu curso impassível, redistribui as riquezas e perturba as forças. As classes sociais desagregam-se, as classes dirigentes caem na incompetência e na indecisão. O Estado processa-se no tumulto. Finalmente, o governo ou a preparação para a guerra, resultante de tantos conflitos, paralisa de há trinta anos para cá o melhoramento das condições da existência e das funções primárias da vida coletiva (Mounier, 1964, p. 174-175).

4. A renovação que vem com a crise

A crise de nosso tempo produz, para Mounier, três atitudes básicas. A primeira é a do conservador que coloca seu consolo no passado, como se nele estivesse a felicidade humana. Condena-se, "em nome dessa forma abstrata, a qualquer movimento" (Mounier, 1964, p. 175). O conservador espera estar a salvo em seu imobilismo, mas apenas "colhe em seus flancos o furor e a morte" (Mounier, 1964, p. 175).

A outra atitude é a dos profetas das catástrofes. Negam inserir-se no seu tempo e desprezam o esforço progressivo da razão, consideram "somente a escatologia à altura de suas nobres almas" (Mounier, 1964, p. 175). Esperam encontrar no futuro as explicações que não enxergam em seu tempo.

A terceira atitude é a única digna do homem. É a que o personalismo proclama: "afrontar, inventar, investir, a única atitude que, desde as origens da vida, pode sempre triunfar sobre as crises (Mounier, 1964, p. 175-176*)*. Nem é desejável a segurança imobilizante do conservador, nem a desesperança dos apocalípticos. O personalismo preconiza as seguintes regras para enfrentar a crise: 1. buscar aquelas ações coletivas que permitam uma margem de liberdade; 2. aderir a valores que se realizem na ação; 3. fugir da confusão dos valores; 4. não se prender a um "a priori" doutrinário, mas ser fiel ao próprio pensamento e 5. não temer a alteração das estruturas, dos valores e das elites.

O marxismo proclamou a superioridade dos valores econômicos sobre os demais, mas foi a confusão de nossa época que tornou possível essa hipótese. Essa não é, contudo, uma explicação madura, "o primado do econômico é uma desordem de que urge libertar-nos" (Mounier, 1964, p. 1 80).

A restrição ao socialismo – explica – não significa uma adesão ao capitalismo. Ao contrário, Mounier credita-lhe parte das dificuldades de nosso tempo e espera corrigir os rumos econômicos do ocidente combatendo a globalização do capitalismo. A globalização aprofundará a crise, afirma: "A passagem do capitalismo à escala mundial, a sua possível unificação num imperialismo poderoso, tornam pouco provável uma evolução sem resistências e sem crises" (Mounier, 1964, p. 184).

A sociedade familiar vive momentos de instabilidade e dificuldades "que a literatura moderna tem explorado até a exaustão de seus limites e paixões" (Mounier, 1964, p. 185). Não faltam também os que, inocentemente, lhe atribuam um excesso de honrarias, deixando de enxergar as dificuldades pelas quais passa. No entanto, nenhuma das duas atitudes atende ao que aspira o filósofo. Nem lhe parece adequado reduzir o valor da família a sua utilidade biológica e social, perdendo de vista "o seu frágil milagre tecido pelo amor, educador do amor" (Mounier, 1964, p. 187), nem desconhecer a inserção nas circunstâncias que podem alterar-lhe a estrutura, "sem atingir a sua essência" (Mounier, 1964, p. 187).

O tecido de uma sociedade de amor precisa superar a moral odiosa da dominação masculina e "a exasperação dos feminismos vingadores" (Mounier, 1964, p. 189). O que espera o filósofo é estabelecer um padrão de convivência onde homens e mulheres possam experimentar a sua condição de pessoa. Isto ajudaria a superar as visões parciais da condição humana.

A pessoa está inserida na família, mas também pertence a uma nação. Também ela "educa e desenvolve o homem racional, enriquece o homem social através da complexidade de meios que lhe proporciona, projeta-o em toda a dimensão das suas possibilidades" (Mounier, 1964, p. 190). Pelas possibilidades de educação espiritual que oferece a pessoa, a nação é fundamental para o homem contemporâneo. No entanto, também ela reflete as dificuldades deste tempo. Quando uma nação perde de vista a ordem internacional e busca apenas seus interesses imediatos, ela se torna agente de desumanização. Estabelecer uma ordem internacional pautada em regras jurídicas e sentimentos é uma inocência, especialmente se se reconhece a ferocidade humana. O resultado será o conflito e a guerra.

Mounier também enxergou nas relações entre as metrópoles e as colônias os sinais do empobrecimento da idéia de pessoa. A solução adequada para o problema colonial é exigência de uma nova ordem internacional, assevera, mais satisfatória, mais justa e menos explosiva. A emancipação das colônias, em curso naquele momento, pedia uma posição madura das metrópoles, que não deviam a ela se opor. Se a tanto não se sentiam obrigadas por comprometimento histórico ou moral, deviam fazê-lo por uma melhor ordem internacional, mais pacífica e cooperativa, resultando essa em benefício próprio: "A mais elementar clarividência aconselha a que não se empregue a violência com povos que poderão ainda ajudar a salvar a obra passada inseridos em novas comunidades de nações" (Mounier, 1964, p. 192).

A crise também afetava a organização política das nações. Para garantir o direito das pessoas, a nação organiza-se em Estado, mas esse não se identifica com aquela. O Estado foi criado para defender as pessoas, por esta razão "o Estado existe para o homem, não o homem para o Estado" (Mounier, 1964, p. 194). O que pretende o filósofo é que a democracia política possa refletir uma democracia social e econômica.

A organização formal do estado importa menos do que seu compromisso com a sociedade pluralista. O ideal que orienta a sua constituição é mais importante que a sua feição formal.

A crise também atinge a cultura e a educação. Mounier criticou as visões de educação que não reconheciam a agressividade humana. Observou a respeito: "Por querer eliminar agressividade, como é o sonho dum certo pacifismo que não é somente uma doutrina política, mas uma concepção eunuca da vida, fabricam-se seres vaporosos que fogem, ao mesmo tempo, da violência, da coragem e mesmo da iniciativa" (Mounier, 1961c, p. 561).

A crise também alcança o cristianismo. "A crise do cristianismo não é somente uma crise histórica da cristandade, é uma crise de valores religiosos num mundo neutro" (Mounier, 1964, p. 209). Esta crise manifesta-se na divinização do que não é divino: o estado, a espécie, o chefe, o partido, aos quais nossa época dedica uma devoção religiosa. Ao examinar os sinais de enfraquecimento da vida religiosa na Europa, o filósofo profetiza o surgimento de uma nova cristandade, exigência da renovação:

> O cristianismo não está ameaçado de heresia: já não empolga tanto a este ponto. A morte se aproxima. Não a morte do cristianismo, mas a morte da cristandade ocidental, feudal e burguesa. Uma cristandade nova nascerá no futuro, de novas camadas sociais, cedo ou tarde, e de novos enxertos extra-europeus. É preciso que não a sufoquemos com o cadáver da outra (Mounier, 1972, p. 17).

É para dar ao homem dignidade que o personalismo foi pensado, afirmou Mounier. Para superar os limites da noção de pessoa desenvolvida no ocidente. Foi concebido, não como teoria abstrata, mas como proposta aberta, sujeita a revisões e situada acima das ideologias. Personalismo é um pensamento a serviço do homem, que poderá ser algum dia dispensado, "um dia em que já não for tão imperioso atrair as atenções sobre aquilo que devia ser a própria banalidade do homem" (Mounier, 1964, p. 210).

Conclusão

Mounier pertenceu a uma geração de pensadores católicos que pensou os problemas de seu tempo. Mounier contribuiu para dar novos ares ao filosofar de inspiração cristã, superando as versões tradicionais do tomismo e retomando a discussão da pessoa como o valor central do ocidente. Esta é uma contribuição fundamental. Sua atitude influenciou nas diversas tradições nacionais. Entre nós, primeiramente, estimulou a fatídica *Ação Católica,* que, nascida de suas idéias, deixou-as para se tornar um movimento armado de caráter marxista. Num segundo momento, marcou o pensamento de Urbano Zilles (nascido em 1937)[7], um dos renovadores

[7] Nossa afirmação tem em vista a comunicação de **Antônio Paim** no V Encontro de Professores e Pesquisadores da Filosofia Brasileira, realizado em setembro de 1997, intitulada: "A filosofia católica entendida como perspectiva filosófica na obra de Zilles". Ali, além de mencionar o papel que Urbano Zilles vem exercendo na filosofia católica contemporânea, afirmou: "Zilles estabelece um entendimento verdadeiramente original da filosofia medieval, formulando-a nestes termos: A filosofia sempre apareceu como um ins-

do pensamento católico no Brasil. Entendemos que se possa creditar sua concepção de filosofia e abertura aos problemas de nosso tempo à influência de Mounier[8]. A filosofia de Mounier também serviu para combater, em nosso meio, as interpretações tradicionais do tomismo, pautadas na intransigência, na falta de diálogo e na proclamação do retorno à cristandade medieval. A possibilidade do diálogo, a abertura para os problemas de hoje, a fidelidade ao próprio pensamento foram atitudes proclamadas por Mounier e que alimentam a meditação, cada vez mais bem elaborada, de Zilles.

A filosofia de Mounier ajudou a explicitar a importância da idéia de pessoa. Da tradição cristã – sugere – o eixo principal

trumento e esforço para interpretar racionalmente o universo. O universo da época é o universo cristão. No ocidente, a história da Idade Média identifica-se com a história do cristianismo. Este é o mundo dado aos pensadores. Como os filósofos de hoje se defrontam com o mundo da ciência e da técnica, com o mundo da vida, naquele tempo o mundo imediatamente dado era o da fé; a realidade diretamente sentida e pensada era a realidade religiosa. Quer dizer, não se trata (ou pelo menos não consiste basicamente nisto) de atitude apologética, mas esforço de compreensão da realidade dada. Este simples balizamento já serve para indicar que a tarefa do filósofo católico contemporâneo (...) não consiste simplesmente em recolher um conjunto de teses e cuidar de difundi-las, qualquer que seja o período histórico, independentemente de suas peculiaridades" (Paim, 1997, p. 33). Esta é a posição que Mounier apresenta no conjunto de suas obras.

[8] Conforme pudemos indicar em artigo produzido no âmbito do PIBIC/CNPq, em parceria com Fábio de Barros Silva: "Entre os autores contemporâneos foi Mounier o que maior fascínio parece haver exercido sobre Zilles, especialmente o seu propósito de evitar a sistematização definitiva ao tratar da pessoa. Esse caráter deu ao pensamento de Zilles a flexibilidade que ele tanto desejava. Quais os atributos da vida humana mencionados por Mounier e que tanto encantaram a Urbano zilles? São eles: a encarnação, a transcendência, a liberdade, a vocação, a comunicação e o dinamismo" (Carvalho; Silva, 1998, p. 29).

não é a Igreja, é a noção de intangibilidade da pessoa e o reconhecimento de seu valor supremo. Todas as ações humanas, tudo o que o homem faz ou deixa de fazer, devem considerar a dignidade pessoal. Ela é a base para se tratar as relações humanas, a política, a ética, a economia, a organização social, o direito. A noção de pessoa em Mounier não teve o mesmo sentido histórico que lhe deram os culturalistas[9], mas não se pode desconhecer que o filósofo mergulhou fundo na discussão sobre a pessoa.

O desrespeito ao universo pessoal, ao modo de ser específico do homem, é o fruto da confusão no ideal de pessoa, ensinou Mounier. Os sintomas dessa crise são: a desordem social, a mudança de valores, as guerras, a desesperança, a divinização da ciência, a prevalência do econômico. Tudo isso promoveu o desrespeito ao homem.

Mounier entendeu que a crise experimentada por sua geração exigiu dos pensadores voltar a atenção para a pessoa concreta. Foi o que procurou fazer e indicar.

Apesar de inegáveis problemas, o novo quadro mundial reflete um aumento da consciência ética contra as guerras, violência em geral, inclusive contra as minorias, mulheres e crianças, ao contrário do que afirmou Mounier. Assim, se-

[9] Para os culturalistas a discussão sobre o ideal de pessoa é assunto fundamental. Para entender a posição culturalista sobre a pessoa, leia o capítulo II de nosso trabalho: *O homem e a filosofia; pequenas meditações sobre a existência e a cultura* (1998); o item 4 do capítulo VI *de Problemática do culturalismo (1995)*, de Antônio Paim. Entre os culturalistas brasileiros cabe a **Miguel Reale** (nascido em 1910) a abordagem mais criativa sobre a pessoa. Para entender suas posições consulte o capítulo XIV de *Introdução à filosofia* (1989) onde Reale explica o conceito de valor fonte e invariante axiológica.

gundo mostrou Borges de Macedo, um filósofo católico de nossos dias, em artigo intitulado *Dez anos da queda do muro de Berlim,* a expansão do ideário liberal, em que pesem as dificuldades concretas que suscitou, levou a um mundo melhor e ao amadurecimento da noção de pessoa.

Referências bibliográficas

ACKER, Leonardo Van. *A Filosofia Contemporânea.* São Paulo: Convívio, 1981.

CARVALHO, José Maurício de. *Caminhos da Moral Moderna:* a experiência luso-brasileira. (Coleção Reconquista do Brasil) Belo Horizonte: Itatiaia, 1995.

______. Meditação sobre os caminhos da moral na gênese do tradicionalismo luso-brasileiro. Lisboa: Universidade Nova de Lisboa. *Cultura,* n. 10, p. 75-90, 1995.

______. *O Homem e a Filosofia*; pequenas meditações sobre a existência e a cultura. Porto Alegre: EDIPUCRS, 1998.

CARVALHO, José Maurício de; SILVA, Fábio de Barros. O homem é ontologicamente pessoa. *Paradigmas.* Londrina, EDUEL, vol. 2, n. 1, p. 21-37, dez. 1998.

______. Emmanuel Mounier e Urbano Zilles: *Um Diálogo sobre a Pessoa Humana. Paradigmas,* Londrina, EDUEL, vol. 2, n. 2, p. 149-56, jul. 1999.

GARAUDY, Roger. *Perspectivas do Homem.* 2ª ed. Rio de Janeiro: Civilização Brasileira, 1966.

LORENZON, Alino. *A Atualidade do Pensamento de Emmanuel Mounier.* 2ª ed. Rev. e ampl. Ijuí: UNIJUI, 1996.

MACEDO, Ubiratan Borges de. *Dez Anos da Queda do Muro de Berlim.* São Paulo: Instituto Liberal, vol. 6, n. 98, p. 1-8, 1999.

MOUNIER, Emmanuel. *Revolução Personalista e Comunitária. Oeuvres.* 125-416. Vol. I. Paris: Le Seuil, 1961.

______. *O Pensamento de Charles Péguy.* In: *Oeuvres.* Vol. I. Paris: Le Seuil, 1961.

______. *Tratado sobre o Caráter. Oeuvres.* Vol. II. Paris: Le Seuil, 1961.

______. *O que é o Personalismo? Oeuvres.* 177-245. Vol. III. Paris: Le Seuil, 1962.

______. *O Personalismo.* Tradução de João Bérnard da Costa. Lisboa: Moraes e Editores, 1964.

______. *Quando a Cristandade Morre.* Rio de Janeiro: Paz e Terra, 1972.

______. *A Esperança dos Desesperados.* Rio de Janeiro: Paz e Terra, 1972.

PAIM, Antônio. *A Problemática do Culturalismo.* Porto Alegre: EDIPUCRS, 1995.

______. *História das Idéias Filosóficas no Brasil.* 5. ed. Londrina: EDUEL, 1997.

______. *A Filosofia Católica Entendida como Perspectiva Filosófica na Obra de Urbano Zilles. Anais do V Encontro de Professores e Pesquisadores da Filosofia Brasileira.* Londrina: EDUEL, 1997, p. 21-40.

RANGEL, Paschoal. *Emmanuel Mounier: um pensamento dentro da vida.* Belo Horizonte: O Lutador, 1976.

REALE, Miguel. *Introdução à Filosofia.* 2ª ed. São Paulo: Saraiva, 1989.

SEVERINO, Antônio Joaquim. *A antropologia personalista de Emmanuel Mounier.* São Paulo: Saraiva, 1974.

8

ÉTICA DO DISCURSO E PENSAMENTO PÓS-METAFÍSICO[1]

Luiz Bernardo Leite Araújo[2]

Introdução

A Ética do Discurso é apresentada por Karl-Otto Apel, seu primeiro inspirador, como uma resposta à situação contemporânea da ética, cujo desafio principal é o da "amplitude imprevisível – tanto quantitativa quanto qualitativa – das conseqüências e dos efeitos secundários das *ações coletivas* do homem no domínio da *ciência* e da *técnica* fundada sobre ela" (Apel, 1994, p. 13)[3]. Essa situação é caracterizada por

[1] O presente texto é uma tradução ligeiramente modificada de um artigo de minha autoria, intitulado *L'éthique de la discussion: une réponse aux défis contemporains d'une morale postmétaphysique*, a ser publicado na revista *Ethica* do *Groupe de recherche "Ethos"* (Université de Rimouski - Canada). Mantive, na maior parte dos casos, as referências originais em língua francesa.

[2] Professor Doutor do Departamento de Filosofia/Centro de Ciências Sociais da Universidade do Estadual do Rio de Janeiro.

[3] Refiro-me particularmente a este ensaio mais recente. Ler também, do mesmo autor: *L'éthique à l'âge de la science. L'a priori de la communauté communicationnelle et les fondements de l'éthique*. Lille: Presses Universitaires de Lille, 1987.

novos traços que impõem limites às formas tradicionais da ética, exigindo a formulação de um programa que esteja à altura de sua complexidade. Segundo Apel, a filosofia de hoje deve enfrentar o problema (aparentemente) paradoxal de uma fundamentação racional da ética na era da ciência. Trata-se de um paradoxo porque a racionalidade científica que requer o estabelecimento de uma espécie de macro-ética planetária da responsabilidade, em razão das conseqüências do processo de racionalização de que ela foi portadora, é a mesma que torna (em princípio) inexeqüível a fundamentação racional de uma ética intersubjetivamente válida em nossa época, em virtude da neutralidade axiológica da racionalidade técnico-instrumental e estratégica, que determinou a forma moderna da racionalidade em geral.

A constelação fundamental e paradoxal da fundamentação racional, necessária mas aparentemente impossível, de uma ética universalmente válida na era da ciência, que é um resultado daquilo que Max Weber descreveu como um processo de racionalização e desencantamento do mundo, foi marcante na situação da filosofia da primeira metade deste século:

> de um lado, encontravam-se as variedades do positivismo científico, que estavam orientadas em função do paradigma de racionalidade da ciência axiologicamente neutra. Elas não dominavam apenas a filosofia teórica enquanto teoria da ciência, mas igualmente as metateorias da economia e do direito, em suma: o conjunto do domínio da racionalidade procedimental publicamente reconhecida. Nesta perspectiva, os valores e as normas da moral não podiam ser concebidos senão como uma questão de sentimentos ou de decisões ir-

> racionais, enfim: como uma questão privada – como a religião. E é precisamente nesses confins da racionalidade procedimental publicamente reconhecida que podiam entrar em jogo, enquanto instâncias complementares da filosofia do positivismo científico, as variedades do existencialismo; e, como Max Weber havia previsto, foi a elas que incumbiu-se de tematizar o problema das decisões axiológicas últimas, irracionais e privadas (APEL, 1987, p. 24-25).

Assim, o cientificismo e o existencialismo formaram um verdadeiro sistema de complementaridade que não está, aos olhos de Apel, inteiramente superado, em que pese o movimento de "reabilitacão da razão prática"[4] dos últimos decênios.

Não é simples propor um quadro de interpretação das diversas tendências que se afirmaram a partir dos anos setenta no campo da filosofia prática em geral. O que é certo é o fato de que a Ética do Discurso, seja na versão do fundacionalismo apeliano, seja na versão do reconstrucionismo habermasiano, é um programa inscrito na linha kantiana das novas teorias morais, levando em conta aspectos significativos de outras concepções concorrentes. Neste sentido, Apel estima que a ética discursiva deve considerar como complementares e subordinados a seu programa específico de uma fundamentação racional dos deveres os temas do bem-viver, da vida ética substancial, da maximização das

[4] A expressão, atualmente bastante difundida, tem sua origem em: RIEDEL, M. (éd.). *Rehabilitierung der praktischen Vernunft.* Fribourg: Rombach, 2 vols., 1972-1974.

utilidades, e dos afetos morais, que estão no centro das controvérsias éticas contemporâneas[5]. De fato,

> hoje como outrora, em matéria de filosofia prática, a discussão se nutre de três fontes – a ética aristotélica, o utilitarismo e a teoria moral kantiana. Neste campo argumentativo rico em tensões, duas partes se vinculam a Hegel, que, com sua teoria do espírito objetivo e da "suprassunção" da moralidade na eticidade, pretendeu efetuar uma síntese entre o pensamento comunitário clássico e o pensamento da liberdade moderna e individualista (Habermas, 1992, p. 95).

Essa afirmação de Jürgen Habermas permite compreender a posição ocupada pela teoria discursiva no debate contemporâneo em filosofia moral e política, bem como a visão de Karl-Otto Apel segundo a qual esse programa de investigação constitui a única resposta possível ao problema paradoxal enfrentado pela ética pós-convencional.

Não me interesso aqui pelas divergências entre esses dois autores com respeito ao alcance e aos limites de uma fundamentação pragmático-transcendental do ponto de vista moral da universalização a partir dos pressupostos pragmáticos da argumentação em geral. O que está em jogo nesse debate, como

[5] Cf. APEL, K.-O. *Éthique de la discussion*, op. cit., p. 9-11 e 27-32. O autor fala, a esse propósito, de um *boom* "de ensaios notáveis visando fundar a moral", como os de John Rawls (*A Theory of Justice*: 1971), Hans Jonas (*Das Prinzip Verantwortung*: 1979) e Alasdair MacIntyre (*After Virtue*: 1981), aos quais pode-se acrescentar o de Paul Ricoeur (*Soi-même comme un autre*: 1990). Apel considera, no entanto, que temos assistido mais freqüentemente a tentativas de evitar ou de desdramatizar o problema da fundamentação.

se sabe, é a possibilidade, por um lado, e a necessidade, por outro, de uma fundamentação última da ética. "Ora, a diferença entre a pragmática transcendental de Apel e a pragmática universal de Habermas", diz Jean-Marc Ferry (1994, p. 55):

> enceta-se aqui: enquanto Apel se engaja na démarche transcendental que consiste em extrair as pressuposições teóricas últimas de supostas idealizações necessárias da prática, Habermas se engaja em uma via mais fenomenológica que consiste em apontar as pressuposições normativas que acompanham as práticas de entendimento. Apel visa uma fundamentação, ao passo que Habermas empreende uma reconstrução[6].

Sabendo que, no essencial, esses dois filósofos defendem a mesma abordagem teórica de uma Ética do Discurso, meu objetivo, mais modesto, é o de colocar em evidência certos aspectos salientes desta concepção, por assim dizer, kantiana pós-hegeliana em relação aos principais desafios contemporâneos de uma moral pós-metafísica.

1.

A querela entre os filósofos gravita ainda hoje, de acordo com a leitura de Habermas, em torno do preço que Kant teve de pagar para estabelecer um conceito pós-metafísico de moral

[6] Ver também: Apel, K.-O. *Penser avec Habermas contre Habermas.* Paris: Éditions de l'Éclat, 1990; HABERMAS, J. Notas programáticas para a fundamentação de uma Ética do Discurso". In: *Consciência moral e agir comunicativo.* Rio de Janeiro: Tempo Brasileiro, 1989, p. 61-141; *De l'éthique de la discussion,* op. cit., p. 165-177.

autônoma[7]. Esse preço está estreitamente ligado às características capitais da filosofia moral kantiana – o deontologismo, o cognitivismo e o formalismo –, cuja tarefa principal era a de fundamentar o ponto de vista da imparcialidade do juízo moral. Os conceitos universalistas de moral oriundos da perspectiva aberta por Kant, que suscitaram diversas objeções inspiradas de Aristóteles e de Hegel, conduzem a enormes abstrações, e, neste sentido, provocam uma mudança inaceitável do verdadeiro objetivo da ética, que é o de responder à questão existencial do sentido da vida humana. O ponto de vista moral exige a abstração dos motivos requeridos para agir moralmente, da situação dada a cada momento e da vida ética concreta. O *deontologismo*, em primeiro lugar, conduz à separação abstrata entre o justo e o bem, entre o dever e a inclinação. O *cognitivismo*, em seguida, torna o agente moral insensível em face do contexto e surdo diante das conseqüências da ação. O *formalismo*, enfim, com sua abstração das instituições e formas de vida existentes, dá origem aos conceitos atomistas de pessoa e contratualistas de sociedade. Todas essas críticas, tomadas *cum grano salis* pela Ética do Discurso, situa-nos, sob as condições do pensamento pós-metafísico, diante das alternativas de um retorno ao aristotelismo ou de uma modificação da abordagem kantiana.

[7] Sobre o que segue, cf. HABERMAS, J. *De l'éthique de la discussion*, op. cit., p. 76-82. Segundo ele, entre as três direções tomadas pela ética a partir do surgimento das ciências experimentais modernas, uma de exclusão da capacidade de juízo moral do domínio da razão, a outra de redução do raciocínio moral ao modelo da racionalidade meios-fins, "apenas Kant atribuiu ao juízo moral um lugar no domínio da razão prática, e daí uma autêntica pretensão de conhecimento" (p. 77). A leitura concorda com aquela de Apel, já mencionada, acerca do significado moderno da tecno-ciência.

A transformação do universalismo moral de Kant, como notamos em Apel, é a via escolhida pela *Diskursethik* como a única possível diante dos desafios éticos contemporâneos.

Se tomarmos a última passagem de Habermas citada acima, poderemos constatar o alcance dessa reformulação intersubjetivista da teoria moral de inspiração kantiana. Trata-se da manutenção do estádio pós-convencional da identidade moral alcançado pelas abordagens universalistas, associada a uma consideração efetiva das reservas em face das abstrações deontológicas, cognitivistas e formalistas de que elas são portadoras. Ora, a filosofia de Hegel é fundamental nesta problemática. Assim como é possível fazer uma reconstrução do discurso filosófico da modernidade baseando-se na posteridade hegeliana, e daí distinguir as três perspectivas críticas da razão moderna[8], Habermas considera que as direções tomadas pela ética nesses últimos anos estão bastante determinadas pelo modo de absorção das objeções que Hegel, em seu tempo, havia erguido contra a moral kantiana. Ele pensa particularmente em duas tendências, inspiradas em Aristóteles e Kant – às quais deveríamos acrescentar o caso especial do utilitarismo, como a variante mais conhecida do conseqüencialismo moderno –, que visam fundar a moral sobre uma base pós-metafísica.

> Enquanto os comunitaristas se apropriam da herança hegeliana a partir da perspectiva da ética aristotélica do bem,

[8] Sobre o assunto, ver Habermas, J. *Le discours philosophique de la modernité*. Paris: Gallimard, 1988 (sobretudo os três primeiros capítulos). Vale a pena ler também o artigo detonador do tema da modernidade em Habermas: La modernité: un projet inachevé. *Critique*, n. 413, p. 950-967, 1981.

> e abandonam o universalismo próprio ao direito racional, a Ética do Discurso leva em conta a teoria hegeliana do reconhecimento com vistas a uma leitura intersubjetivista do imperativo categórico, sem por isso pagar o preço de uma dissolução da moralidade na eticidade. Ela se atém firmemente, como Hegel, à relação interna entre justiça e solidariedade, mas num espírito kantiano (Habermas, 1992, p. 95).

Isso significa que a ética discursiva reivindica seu lugar na tradição kantiana de uma moral deontológica (concentrada na questão da fundamentação da validez prescritiva de mandamentos ou normas de ação), cognitivista (fundada na idéia segundo a qual a decisão de agir conforme certa norma bem como a escolha da norma enquanto tal são suscetíveis de verdade) e formalista (pois ela fornece somente um procedimento formal de argumentação moral), sem expor-se, contudo, às objeções do contextualismo contemporâneo.

A incorporação de certos motivos capitais do utilitarismo e da ética aristotélica, que proporciona inclusive a diferenciação de usos da razão prática segundo o sentido do "dever" <*Sollen*> que se impõe aos indivíduos numa determinada situação, explica-se justamente pela recuperação das críticas bem-fundadas em face de uma ética abstrata da convicção. Nesta medida, a ética do Discurso "pretende ser, num sentido enfático, uma 'ética da responsabilidade' (no sentido de Max Weber, e no sentido de Hans Jonas) –, e isto ainda que ela continue a se demarcar, enquanto *deontológica* (no sentido da transformação de Kant), de toda ética *utilitarista*, de toda ética *teleológica* ou *axiológica* do *bem-viver*" (Apel, 1987, p. 8-9). A transformação da ética de Kant pode ser apreendida a partir de três diferenças que, segundo Habermas, separam-na da *Ética do Discurso*, a qual abandona a doutrina dos dois reinos, supera o caráter puramente monológico e modifica o modelo dogmático da fundamentação kantiana da moral.

No que tange ao primeiro aspecto de uma renúncia à diferença categorial entre os reinos do noúmeno e do fenômeno, "não se reconhece a necessidade *quase* transcendental, pela qual os sujeitos dispostos à intercompreensão se orientam em função de pretensões de validade, senão à *coação* imposta pelo fato de falar e de agir sob pressuposições idealizantes. O hiato entre o inteligível e o empírico é reduzido a uma tensão que se reconhece na força factual dos pressupostos contrafactuais, *no próprio seio da prática comunicativa quotidiana*". Quanto à segunda distinção, vinculada ao quadro de referência da consciência moral solitária – por meio do qual obtém-se uma identificação pressuposta entre as vontades particular e universal –, a *Diskursethik* "espera, ao contrário, que uma intercompreensão sobre a universalização de interesses seja o *resultado* de uma *discussão pública* realizada intersubjetivamente". No que concerne ao terceiro ponto de litígio, a ética da comunicação "ergue a pretensão de haver solucionado o problema de fundamentação que Kant, em última análise, evitou pelo recurso a um fato da razão – à experiência da coação pelo dever –, graças à dedução de "U" [o princípio de universalização] a partir dos pressupostos universais da argumentação" (Habermas, 1992, p. 24)[9].

[9] Essas diferenças são importantes a fim de se investigar se "as objeções de Hegel a Kant" - a saber, em resumo: contra o formalismo do princípio moral, o universalismo abstrato de juízos morais fundados, a impotência da vontade e o terrorismo da pura convicção - "valem igualmente para a ética discursiva" (trata-se da questão formulada no título do primeiro capítulo da obra aqui mencionada: p. 15-32).

2.

O núcleo da transformação da filosofia moral kantiana é, pois, a passagem de uma perspectiva concentrada sobre os sujeitos isolados, na qual o poder de autolegislação é outorgado à simples competência dos indivíduos, para uma interpretação dialógica do imperativo categórico, na qual predomina a idéia do entendimento mutuamente visado por meio de uma discussão racional. Esse é o sentido da reformulação daquele ponto de vista da apreciação imparcial das questões práticas, interpretado à luz da teoria do discurso, segundo a qual "só podem reclamar validez as normas que encontrem (ou possam encontrar) o assentimento de todos os concernidos enquanto participantes de um Discurso prático" (Habermas, 1992, p. 116)[10]. Este princípio "D", cujo conteúdo normativo é o da noção de imparcialidade, torna-se operatório relativamente a uma problemática moral pelo princípio de universalização "U", segundo o qual "toda norma válida deve satisfazer a condição: – que as conseqüências e efeitos colaterais, que (previsivelmente) resultarem para a satisfação dos interesses de *cada* um dos indivíduos do fato de ser ela *universalmente* seguida, possam ser aceitos por *todos* os concernidos" (Habermas, 1992, p. 86)[11].

[10] "Notas programáticas para a fundamentação de uma Ética do Discurso".

[11] Evito aqui o problema espinhoso da relação entre o princípio do discurso e o princípio de universalização em Habermas, que ultrapassa os limites do presente artigo. Vale a pena notar, contudo, que o desenvolvimento recente da teoria do discurso (cf. *Direito e democracia: entre facticidade e validade*. Rio de Janeiro: Tempo Brasileiro, 2 vols., 1997, notadamente o terceiro capítulo) deixa sem resposta a questão da derivação dos princípios a partir dos pressupostos universais da argumentação. Trata-se, no fundo, de derivar "D" ou "U" do conteúdo implícito desses pressupostos?

Deve-se sublinhar, por um lado, que o princípio de universalização funciona como uma regra geral de argumentação moral, e neste sentido é tão-somente um procedimento que visa testar a validade das normas engendradas na prática comunicativa quotidiana. Por outro lado, o procedimento ético-discursivo leva em consideração o aspecto importante da orientação das ações em função das conseqüências, acentuado pelas éticas contemporâneas da responsabilidade.

Essa estratégia de uma reinterpretação discursiva do imperativo categórico permite afirmar, a um só tempo, o vínculo kantiano entre universalismo e cognitivismo e a tese hegeliana da individuação como um processo de socialização. Em um famoso artigo dos anos sessenta sobre a "filosofia do espírito" do jovem Hegel[12], Habermas já acenava para a importância da dialética da relação moral como meio originário – ao lado da linguagem e do instrumento – de formação da identidade. A compreensão da consciência-de-si como resultado de uma "luta pelo reconhecimento" permitiu a Hegel criticar o conceito kantiano de autonomia da vontade, apontando no filósofo de Königsberg a redução da ação moral a uma forma de ação monológica, cujo desenlace é a harmonização da vontade particular com a vontade universal por intermédio do teste da universalização. Se a máxima da ação é corretamente universalizada, o sujeito individual poderá

[12] Cf. Travail et interaction. In: *La technique et la science comme "idéologie"*. Paris: Gallimard, 1973, p. 163-211. O texto foi publicado originalmente em 1967. Sobre sua importância para a constituição de uma teoria do agir comunicativo, permito-me remeter o leitor a meu livro: Araújo, L. B. L. *Religião e Modernidade em Habermas*. São Paulo: Loyola, 1996.

afirmar que descobriu uma lei racional, válida para todos: a intersubjetividade será atingida monologicamente por uma harmonia racional pré-estabelecida. Mas tal procedimento elide o fato de que os sujeitos estão implicados num contexto de interação fundado no reconhecimento recíproco[13].

"Do fato de que as pessoas só se tornam indivíduos através de sua socialização", afirma Habermas em texto mais recente, "segue-se que o respeito moral dirige-se igualmente ao indivíduo insubstituível e ao membro de uma comunidade, associando assim a justiça à solidariedade" (Habermas, 1998, p. 56)[101]. Os dois últimos conceitos designam princípios distintos, mas complementares, que se referem à mesma e única raiz da moral, entendida como um sistema de proteção de seres humanos vulneráveis, individuados pela via da socialização. São dois pólos correspondentes aos aspectos igualmente importantes dos direitos dos indivíduos (igual respeito) e do bem da comunidade (responsabilidade solidária). Destarte, compreende-se porque Habermas considera que o debate entre liberais e comunitaristas, no qual o ponto de litígio central é o da prioridade do justo sobre

[13] O que torna necessário, do ponto de vista de uma Ética do Discurso, o questionamento do "solipsismo metódico" e da "compreensão da linguagem como sendo secundária com respeito ao pensamento, que seria originariamente solitário" - dois pressupostos enraizados na filosofia moderna, inclusive em Kant. Ora, "*a autoridade do ser humano enquanto legislador autônomo* podendo impor-se um dever a si mesmo deve ser relacionada com o ato fundamental do *livre reconhecimento das normas do discurso argumentativo pelo qual* ele *se constitui efetivamente como ser razoável*" (APEL, K.-O. *Éthique de la discussion*, op. cit., p. 44)

[101] É a tradução do livro *Die Einbeziehung des Anderen. Studien zur politischen Theorie*, publicado em 1996.

o bem[14], não interessa à *Diskursethik* senão sob o aspecto "epistemológico" e não de "ontologia social", porquanto:

> as objeções comunitaristas contra a noção individualista de pessoa, ou contra os conceitos instrumentalistas de sociedade, não afetam os conceitos fundamentais da Ética do Discurso [...]. Esta adota uma posição intermediária, na medida em que compartilha, com os "liberais", a compreensão deontológica da liberdade, da moralidade e do direito oriunda da tradição kantiana, e com os comunitaristas, a compreensão intersubjetivista da individuação como socialização proveniente da tradição hegeliana (Habermas, 1992, p. 180).

O objetivo principal da teoria do discurso é, neste sentido, o da conjugação da liberdade dos antigos com a liberdade dos modernos, isto é, da autonomia pública republicana com a autonomia privada liberal, de modo a assegurar o vínculo interno entre a soberania popular e os direitos humanos.

Sendo assim, a teoria discursiva, ao menos em sua versão habermasiana, está situada no seio de uma antinomia entre absolutismo e relativismo, adotando um conceito procedimental (ou seja, argumentativo, fundado na intersubjetivida-

[14] A propósito desse complexo debate anglo-saxão, que traduz temas essenciais da discussão contemporânea em matéria de filosofia moral e política, ver: Berten, A.; Da Silveira, P.; Pourtois, H. (Orgs.). *Libéraux et communautariens*. Paris: PUF, 1997. Com relação à teoria do discurso, cf. Benhabib, S. In the Shadow of Aristotle and Hegel: Communicative Ethics and Current Controversies in Practical Philosophy. *Philosophical Forum*, n. 2, p. 1-31, 1989-1990); Baynes, K. The Liberal-Communitarian Controversy and Communicative Ethics. *Philosophy and Social Criticism*, n. 14, p. 293-315, 1988.

de lingüística) da razão prática a fim de evitar simultaneamente o fundacionalismo metafísico e o reconstrucionismo historicista. É em torno de tal antinomia, recorrente e insuperável para todo pensamento filosófico, que se deve avaliar o programa da Ética do Discurso. A resposta que ela fornece à questão clássica da justificação de nossos juízos morais, a partir do quadro das sociedades modernas pluralistas, privadas de garantias últimas de natureza religiosa ou metafísica[15], talvez não seja a melhor. Mas a maneira de enfrentar o problema, guiada pela idéia segundo a qual o pluralismo cultural não está em contradição com o universalismo moral – ao contrário, já que ambos se pressupõem –, sugere sua importância no debate ético contemporâneo. Resta saber se sua abordagem intersubjetivista representa uma solução convincente para a questão antiga, mas sempre renovada, de uma articulação entre os princípios universais de justiça e as concepções particulares do bem, problema que está no cerne da filosofia prática em geral[16].

[15] Procurei tratar da fundamentação racional proposta pela teoria discursiva da moral, após o esgotamento dos fundamentos metafísicos e religiosos da ética, no artigo "Le rationalisme de l'éthique argumentative en face de la sécularisation moderne" apresentado no Congresso da *Association des Sociétés de Philosophie de Langue Française* (Québec, 1998), cujas atas estarão disponíveis em futuro próximo.

[16] O estado atual do debate é bem definido, a meu ver, pela discussão entre Rawls et Habermas: *Débat sur la justice politique*. Paris: Cerf, 1997.

Referências bibliográficas

APEL, K.-O. *Transformation der Philosophie.* Frankfurt: Suhrkamp, 1973.

______. *L'éthique à l'âge de la science. L'a priori de la communauté communicationnelle et les fondements de l'éthique.* Lille: PUL, 1987.

______. *Penser avec Habermas contre Habermas.* Paris: Éclat, 1990.

______. *Éthique de la discussion.* Paris: Cerf, 1994.

ARAÚJO, L.B.L. *Religião e Modernidade em Habermas.* São Paulo: Loyola, 1996.

BAYNES, K. The Liberal-Communitarian Controversy and Communicative Ethics. *Philosophy and Social Criticism,* n. 14, p. 293-315, 1998.

BENHABIB, S. In the Shadow of Aristotle and Hegel: Communicative Ethics and Current Controversies in Practical Philosophy. *Philosophical Forum,* n. 21, p. 1-31, 1989-1990.

BERTEN, A.; DA SILVEIRA, P.; POURTOIS, H. (Orgs.). *Libéraux et communautariens.* Paris: PUF, 1997.

FERRY, J.-M. *Philosophie de la communication I:* De l'antinomie de la vérité à la fondation ultime de la raison. Paris: Cerf, 1994.

HABERMAS, J. *La technique et la science comme "idéologie".* Paris: Gallimard, 1973.

______. *La modernité: un projet inachevé.* "Critique", n. 413, p. 950-967, 1981.

______. *Le discours philosophique de la modernité.* Paris: Gallimard, 1988.

______. *Consciência Moral e Agir Comunicativo*. Rio de Janeiro: Tempo Brasileiro, 1989.

______. *De l'éthique de la discussion*. Paris: Cerf, 1992.

______. *Direito e Democracia: entre facticidade e validade*. Rio de Janeiro, Tempo Brasileiro, 2 vols., 1997.

______. *L'intégration républicaine*. Paris: Fayard, 1998.

RAWLS, John. *Débat sur la justice politique*. Paris: Cerf, 1997.

JONAS, H. *Le principe responsabilité*. Paris: Cerf, 1990.

MACINTYRE, A. *After Virtue*. London: Duckworth, 1981.

RAWLS, J. *A Theory of Justice*. Cambridge: Harvard University Press, 1971.

RICOEUR, P. *Soi-même comme un autre*. Paris: Seuil, 1990.

RIEDEL, M. (Org.). *Rehabilitierung der praktischen Vernunft*. Fribourg: Rombach, 2 vols., 1972-1974.

Impressão e acabamento
Gráfica e Editora Santuário
Em Sistema CTcP
Rua Pe. Claro Monteiro, 342
Fone 012 3104-2000 / Fax 012 3104-2036
12570-000 Aparecida-SP